ÉTUDE

SUR LES

ISRAÉLITES DE MONTPELLIER

UNIVERSITÉ DE MONTPELLIER — FACULTÉ DE DROIT

ÉTUDE SUR LES Israëlites de Montpellier AU MOYEN-AGE

THÈSE

POUR LE

DOCTORAT ÈS-SCIENCES JURIDIQUES

PAR

EMILE AZEMARD

AVOCAT A LA COUR D'APPEL DE NIMES

NIMES
ÉTABLISSEMENTS AZÉMARD COUSINS
Rue Dhuoda

1924

UNIVERSITÉ DE MONTPELLIER

FACULTÉ DE DROIT

MM. VALERY, professeur de Droit Commercial.

MOYE, Doyen, professeur de Droit International Public.

MORIN, assesseur, professeur de Droit Civil.

DONNEDIEU DE VABRES, professeur de Droit Criminel

BECQUÉ, professeur de Droit Civil.

DE NESMES-DESMARETS, professeur de Droit Administratif.

ROCHE-AGUSSOL, professeur d'Économie Politique.

BOSC, professeur de Droit Civil.

VIALLETON, professeur de Droit Civil.

VIARD, professeur d'Histoire du Droit.

BASTID, chargé de cours de Droit Constitutionnel.

TISSET, chargé de cours de Droit Romain.

DIJOL, chargé de cours de Procédure.

TEILLARD, chargé de cours d'Économie Politique.

DELBEZ, chargé de cours de Droit Romain.

CUQ, chargé de cours de Droit Criminel.

VIGIE et BREMOND, doyens honoraires.

LABORDE et CHAUSSE, professeurs honoraires.
DUBOIS ROCHETTE secrétaire honoraire.

MEMBRES DU JURY :

MM. VIARD, *président.*
TISSET, chargé de cours
DELBEZ, chargé de cours

La Faculté n'entend donner aucune approbation où improbation aux opinions écrites dans les thèses: ces opinions doivent être considérées comme propres à leurs auteurs.

ÉTUDE
SUR LES
ISRAÉLITES DE MONTPELLIER
au Moyen-Age

INTRODUCTION

Le statut juridique si curieux et en quelque manière à double face que les diverses législations ont fait de tout temps aux membres des communautés juives au Moyen Age, s'explique par le désir de concilier deux idées en apparence contradictoires.

D'une part, en effet, mis au ban de la société chrétienne par leur origine, considérés comme les descendants des bourreaux de Christ et de ce fait «mis en servitude» nous dit Jaime 1er, seigneur de Montpellier «en expiation des outrages dont ils ont abreuvé le créateur du monde»(1), ils ont été l'objet de persécutions et de vexations sans nombre.

Mais, leur habileté en matière de finance, leur spécialisation forcée dans le commerce de l'argent, en ont fait de puissants banquiers.

---

(1) Judei fere in terris omnibus Christianorum principum subjacent servituti cui eos nostri et sui contumelia Creatoris addixit»

Archives municipales A Cass IV N° 7. Quater et Grand Thalamus fol. 47 . cité par Germain. Histoire de la commune de Montpellier.

Grâce aux prêts parfois usuraires qu'ils ont consentis, ils sont devenus les plus importants détenteurs d'argent du monde. C'est donc à cause de cette richesse, qu'ils eurent à cette époque où des besoins impérieux d'argent se faisaient sentir, la faculté de racheter moyennant des contre-parties pécuniaires, la tranquilité qui leur manquait. De là, la concession de nombreux privilèges qui purent les élever à un rang semblable à celui de beaucoup de chrétiens, car les seigneurs, tant laïques qu'ecclésiastiques, ne se faisaient aucun scrupule de recourir à la finance juive.

Leur situation est fort simple. A priori, les Juifs sont des hommes d'une race inférieure et c'est pourquoi nous les voyons maintes fois bafoués, relégués dans des quartiers spéciaux, parfois appelés «Ghetto» ou «Carriera», dont-ils ne peuvent sortir qu'à certaines heures bien déterminées, obligés de porter sur leur vêtement des signes particuliers devant les faire reconnaître, tenus d'aller puiser de l'eau à un puits qui leur est assigné. Si ces prescriptions ne sont pas observées, ils sont frappés de peines très sévères.

Ils doivent, en outre, payer des impôts qui leur sont propres souvent non déterminés, les plaçant ainsi à la merci des seigneurs.

Mais par contre, leur fortune est un mirage, et, on ne peut pas les contraindre à verser leur argent en les soumettant à des taxes multiples, on va leur concéder des faveurs. Moyennant argent, ils pourront exercer la profession qui leur plaira, se déplacer comme ils le voudront, exercer leur religion suivant leurs rites et leurs mœurs.

D'autrefois, lorsque les pouvoirs publics aveuglés par leur cupidité trouvaient que, malgré les impôts pourtant très élevés, malgré d'énormes concessions, ils ne payaient pas suffisamment, les voila prêts à recourir à des moyens plus énergiques, alors, il n'était pas rare, les exigences excluant tous sentiments humanitaires de les voir expulser, et ceux-ci étaient contraints d'abandonner terres et biens aux cupidités royales.

Le plan de notre étude est dès lors tracé d'une manière bien nette. Nous occupant d'abord des avanies dont les juifs ont été l'objet à Montpellier, nous étudierons les charges fiscales qui leur étaient imposées et la façon dont ces impôts étaient prélevés.

Nous passerons ensuite en revue les diverses déchéances, qui là comme partout ailleurs les ont frappés, et enfin, de quelle façon par les concessions de privilèges multiples ils ont eu dans notre ville une condition bien supérieure à celle qui leur était faite dans les pays voisins.

Ne pouvant nous occuper de leur vie juridique toute entière, nous bornerons notre choix à l'étude détaillée de leur rôle dans les contrats, et pour terminer nous verrons devant quelles juridictions ils étaient poursuivis, quand ils étaient mis en cause et la marche de la procédure suivie contre eux.

CHAPITRE PRÉLIMINAIRE

LES JUIFS DU MIDI

Aperçu de leur Condition Privilégiée

Plus qu'ailleurs cependant les Juifs du Midi, ont joui de droits et de prérogatives bien supérieurs à ceux de leurs corréligionnaires dans le reste de la Chrétienté. En effet, malgré la rigueur de certaines dispositions destinées à les frapper, ils ont obtenu dans cette contrée de la part des seigneurs, d'accord avec les populations, des privilèges qui leur ont permis de supporter sans trop souffrir l'opprobe de leur origine. Grâce à la tolérance qui leur était impartie, les Juifs acquirent dans cette contrée une telle importance qu'ils purent sous les yeux bienveillants de leurs maîtres former des établissements considérables.

Cette bienveillance était en partie motivée par les intérêts nombreux que tous les seigneurs avaient à les ménager. Source durable de richesses par les impositions considérables qui les frappaient, ils ont été au milieu de la population chrétienne un élément précieux et comme un stimulant de la vie économique des pays où ils se fixaient.

Devons-nous nous étonner alors, qu'ils aient bénéficié de la sympathie de ceux au milieu desquels ils vivaient! et qu'ils aient eu dans les cités où ils s'établirent une condition juridique et civile à peu près homogène sensiblement égale à celle des Chrétiens?

Il n'est pas rare en effet de les voir s'élever aux plus hautes fonctions publiques auxquelles leur compétence particulière les faisaient appeler. Parfois au contraire, dans quelques régions certains emplois leur étaient interdits, c'est ainsi qu'à Montpellier, ils ne peuvent parvenir à la dignité de Baile, mais on ne les exclut généralement pas des charges financières pour lesquelles ils sont très qualifiés.

Dans la vie civile, même capacité que les Chrétiens. Ils contractent dans les mêmes termes qu'eux et si nous voyons invoquer dans les contrats où ils interviennent leur qualité de Juifs ce n'est certainement pas à cause de cette qualité que l'on établit des restrictions mais bien parceque les formes requises pour contracter ne peuvent leur être applicables.

En matière de propriété, mêmes droits, nous

les voyons acquérir non seulement directement mais encore à titre de seigneurs des droits supérieurs qui résultent du démembrement du domaine utile en faveur d'un tenancier.

Cependant, malgré ces prérogatives multiples, il ne faudrait pas aller jusqu'à croire qu'ils n'aient eu, pour des raisons que nous avons indiquées, à subir maintes réprobations. Mais, à raison même des droits dont ils jouissaient et qui les mettaient dans une situation élevée l'étude de leur histoire dans notre région nous apprendra qu'ils vécurent des temps relativement heureux.

CHAPITRE PREMIER

Charges et Impositions pesant sur les Juifs

Des diverses appellations données aux Juifs au Moyen-âge. Les Juifs du Roi et les Juifs des seigneurs. — Les Juifs de Montpellier n'étaient pas immédiatement sous la main des rois de France, ils n'eurent donc pas à supporter toutes les exactions et mauvais traitements que ces derniers infligèrent à ceux qui étaient sous leur domination directe.

Ce régime de faveur devait durer jusqu'au moment où l'étendue du domaine royal, s'accroissant par des incursions répétées du pouvoir central, il advint quelques temps après l'arrêté d'expulsion pris par Philippe le Bel en 1306 et divers arrangements entre ce dernier et le roi de Majorque, que dorénavant tous les Juifs du royaume subiraient la même loi et seraient soumis au même prince. Jusqu'à cette époque, donc, il y a eu une ligne de démarcation bien nette entre les Juifs du Roi d'une part, les Juifs de ces seigneurs d'autre part.

Les Juifs du Roi. Leur régime, leur détermination.

Les Juifs du Roi, appelés aussi Juifs d'Alphonse de Poitiers, ou Juifs d'Alphonse (1) ont été constamment persécutés et soumis soit à des taxes excessives, soit à de fréquentes confiscations. Ce dernier cherchait à faire argent de tout il tirait finance aussi bien des faveurs individuelles qu'il accordait à quelques uns, que des spoliations qu'il opérait au moyen d'arrestations ou de saisies.

En 1249, chassés du Poitou et de la Saintonge, ils acquéraient moyennant argent le droit d'y rester. En 1268, nous les voyons frappés par une capitation et contraints de déclarer dans le plus bref délai la valeur de leurs biens s'ils ne voulaient pas être jetés en prison (2). Ce qui pourrait étonner, c'est que les taxes étaient souvent recouvrées par les membres des communautés eux-mêmes désignés par les sénéchaux et qui au nombre de deux par sénéchaussée devaient veiller à leur rentrée sous leur propre responsabilité.

Saint Louis, que son antipathie religieuse natu-

---

(1) Dom Vaissette T. III p. 570: Les Juifs du roi appelés aussi Juifs d'Alphonse de Poitiers à cause des rigueurs qu'Alphonse exerçait dans ces procédés fiscaux vis-à-vis d'eux.

(2) Dom Vaissette T. III p. 513.

relle pour tous les hérétiques poussait à poursuivre les Juifs ne fut pas plus clément, mais se montra au contraire plus rigoureux que son frère et malgrè la bulle de Grégoire IX prise sous son règne afin de protéger les Juifs des mauvais traitements ou d'empêcher qu'ils soient emprisonnés pour en tirer de l'argent, les considérant comme des alliés des Infidèles se montra, avant de partir pour la croisade, impitoyable.

Aussi en 1246, il donnait au sénéchal de Carcassonne l'ordre de les tenir en prison jusqu'à ce qu'ils eussent financé tout ce qu'ils pouvaient et en 1253 il les expulsait pour les rappeler en 1254. Les taxes levées sur eux, l'étaient avec une âpreté inconcevable et il n'était pas rare de les voir pour s'y soustraire s'enfuir du territoire imposé, mais dans ce cas ils étaient activement recherchés et ramenés.

Philippe le Bel mit dans ces impositions une âpreté non moins savante. Il prit dans chaque sénéchaussée plusieurs Juifs chargés de lever ses impôts, ces Juifs s'appelaient soit les syndicts, soit les procureurs des Juifs. Ils étaient tenus vis-à-vis du roi, et personnellement de la taille sur leurs biens.

En compensation des tailles sur eux levées, le roi assurait à ses Juifs certaines latitudes. Ils pouvaient donner libre cours à leurs transactions, prêter moyennant un taux modéré et fixé d'avance, obliger les débiteurs récalcitrants à se libérer, en outre il leur concédait une certaine quantité d'autres privilèges.

Ces différentes charges spéciales aux Juifs ne les empêchaient pas d'être soumis aux impôts dûs par tout citoyen. (1) On peut dès lors juger, par le nombre et l'étendue de ces tailles et les profits que le pouvoir royal pouvait en retirer, l'intérêt qu'il y avait pour l'administration d'étendre dans la plus grande mesure le nombre des taillables.

Divers procédés furent employés pour parvenir à ce but, tantôt le pouvoir royal agit par voie d'acquisition, c'est ainsi que Philippe le Bel acquît en 1292 de l'Evêque de Maguelone la juridiction sur ses Juifs, à l'exception des censives usages et lods que l'Evêque retirait d'eux, de plus, il se réservait la moitié des taxes qu'il percevait (2).

D'autrefois, le roi pratiquait la transaction, c'est ce qui arriva pour les droits sur les Juifs de Montpellier en 1306 lors de l'expulsion générale des Israélites du royaume. Jaime II ne voulant pas se

(1) Dom Vaissette T. IV p. 124.
(2) D'Aiguefeuille Hist. de Montpellier.

soumettre à l'arrêté d'expulsion, un accord était conclu après trois mois de pourparlers, par lequel le roi de Majorque consentait à laisser au roi de France, son suzerain le tiers du produit des Juifs habitant son domaine à la condition, que de son côté le roi de France auquel en 1293 l'évêque de Maguelone Bérenger Frédol, avait cédé tous ses droits temporels sur le fief de Montpellieret et la Seigneurerie de Montpellier, lui abandonnerait également le tiers de ce qu'il retirerait des Israélites placés sous sa juridiction royale. (1)

Ces tailles prélevées sur les Juifs de Montpellier devaient atteindre une valeur considérable puisqu'en 1307 on s'en servit à recevoir une assignation en faveur de Pierre de Columpna, nommé chevalier, pour une rente de 500 florins d'or au sujet de laquelle le sénéchal n'avait rien trouvé à assigner à Beaucaire ni à Lunel. (2)

Qui est Juif du Roi?

Les Juifs du roi étaient ceux qui habitaient et étaient domiciliés dans le domaine de la couronne, ceux aussi qui, appartenant à des seigneurs, étaient

(1) Saige, Les Juifs du Languedoc Pièces just. p. 312
(2) Sæige, Les Juifs du Languedoc. p. 314

sous la puissance royale à la suite d'accords. Les Juifs de Montpellieret par exemple.

Les Juifs habitant la terre du roi étaient ou bien Juifs de «genere et natione», c'est-à-dire appartenant au roi depuis un temps immémorial; ou bien soumis à la puissance royale parce qu'ils venaient d'une ville située sur le domaine royal

Etait Juif du roi, celui qui venant de chez un seigneur, établissait sa demeure sur la terre royale avec l'intention d'y rester, ce même Juif devenait encore Juif du roi, s'il avait séjourné plus d'un an sur la terre royale.

Enfin, tout Juif alors même qu'il n'eût pas voulu s'établir sur le domaine royal et serait retourné dans la terre du seigneur, conserverait la qualité de Juif du roi et cette qualité le suivrait à son nouveau domicile s'il était resté un certain temps (1).

De même était Juif du roi celui qui sans protester se laisserait lever des tailles ou qui aurait avoué sa qualité par aveu judiciaire.

Par cette courte analyse, nous voyons que les Officiers Royaux avaient mandat d'étendre les droits du Roi dans la plus large mesure, afin d'inscrire au rôle des contributions le plus grand nom-

---

(1) Saige: Les Juifs du Languedoc T. 8 p. 312.

bre des Juifs. La discrimination de cet état étant assez complexe, donna lieu à un grand nombre de procès surtout dans la ville de Montpellier où les Juifs du Roi après l'accord avec l'Evêque de Maguelone et les Juifs du seigneur continuaient à être en continuels rapports. (1)

D'autres difficultés s'élevaient de ce que les Juifs royaux voulant se soustraire aux charges du fisc, n'hésitaient pas à s'enfuir dans la partie de la ville appartenant aux seigneurs laïques où comme nous le verrons ils étaient astreints à des obligations fixes, bien déterminées et sachant quand on voulait les imposer plus durement manifester leur mécontentement. (2)

Il était fréquent aussi, de voir naître des tiraillements lorsque, le roi ayant acquis sur un territoire une partie des droits sur les Juifs, il fallait se

(1) Les deux villes de Montpellier et de Montpellieret étaient en effet contigues, séparées simplement, par les rues Pyla-Saint-Gély, de la Vieille-Aiguillerie, du Collège, de la Monnaie, de St. Foy et du gouvernement il n'est pas étonnant que les Juifs des deux cités aient été constamment en relations.

(2) Revue des Etudes Juives XVIII p. 267. Incident intervenu entre les conseils de la ville et les membres de la communauté que l'on voulait obliger à subvenir aux besoins nécessités par la défense de la cité en 1208. Pièces Justificative N° 1.

partager le produit des tailles établies sur eux. Ce n'est pas sans peine, par exemple, que nous voyons après l'accord de 1293 entre Philippe le Bel et l'Evêque de Maguelone pour la session de Montpelliéret s'établir l'assiète définitive des quarante livres de rentes constituées à l'évêque sur les biens des Juifs de Sauve.

Comment se faisait la répartition des tailles qui les frappaient?- Les Juifs, et cela se conçoit avaient un intérêt personnel à voir les impôts toucher le plus grand nombre, aussi n'est-il pas rare de trouver les membres des communautés eux-mêmes seconder les Officiers et collecteurs royaux dans la recherche des taillables. Il est aussi curieux de voir le procureur du roi de concert avec le procureur syndic des Juifs dépendant du domaine royal faire casser à leur requête respective des arrêts de certaines cours qui avaient attribué la qualité de Juif de seigneur à des Israëlites ayant habité le domaine royal et acquis en vertu des règles sus-indiquées la qualité de Juif du Roi, et ce dans l'unique but de les faire participer à l'impôt. (1)

En 1278 les Juifs d'Agde s'étant mis sous la pro-

(1) Saige, Les Juifs du Languedoc, p. 53; Olim IV fol. 76 V

tection de l'Evêque de Maguelone et ayant établi leur domicile sur ses terres se voyaient contraints tout de même, à payer la taille, seuls furent considérés comme appartenant à l'Evêque ceux qui avaient acquis cette qualité par prescription. (1)

La même année on dût sévir contre l'Evêque de Béziers qui, ayant autorisé la communauté de cette ville à construire une synagogue et attiré ainsi une certaine quantité d'Israélites venant des terres royales toutes proches, enlevait ainsi aux percepteurs du roi des contribuables précieux. (2)

Enfin, en 1295, Philippe le Bel ordonnait au Sénéchal de Beaucaire de vouloir bien rechercher activement tous les Juifs sortis de la juridiction royale pour se soumettre à des seigneurs particuliers avec injonction de les condamner à une amende et de leur faire payer la taille à laquelle ils cherchaient à se soustraire. (3)

Des contestations soulevées par la détermination de Juifs du Roi.

Des Juridictions qui en connaissent:—

Quoique les règles fivant la qualité de Juif du Roi fussent assez larges, il s'élevait souvent des

(1) Dom Vaissette IV. 27
(2) Dom Vaissette IV. 27
(3) Mesnard, Histoire de Nisme T preuves 126 col. I.

contestations de ce qu'un officier royal, par exemple, ayant la prétention d'imposer un Juif qu'il croyait lui appartenir frappait un Juif du seigneur. De ces contestations naissaient des litiges portés devant les juridictions compétentes et fréquemment les Officiers royaux eux-mêmes, devaient reconnaître la fausseté de leurs réclamations.

Les procès soulevés au sujet des tailles, n'étaient pas soumis à la juridiction de droit commun instituée par le pouvoir royal, au sénéchal ou au baile, mais portés devant une juridiction d'exception créée à cet effet, d'ailleurs au grand mécontentement des Israëlites. C'est pourquoi nous voyons à plusieurs reprises, ces derniers essayer de porter leur cause, par l'intermédiaire de leur syndict ou procureur devant la juridiction ordinaire mais sans succès, du moins jusqu'en 1280.

En 1288, cependant nous apprenons par Dom Vaissette, que le doléances des Juifs à ce sujet ayant été écoutées, le sénéchal est désormais le juge de droit commun en cette matière. A cette époque, ajoute-t-il, de nombreux procès étaient pendants concernants les Juifs, soit entre le seigneur et le roi qui tous deux avaient les mêmes prétentions, soit entre Juifs du roi et Juifs du seigneur, ceux-ci ne voulant pas payer pour ceux-là et refusant de s'acquitter des impositions qui leur étaient réclamées. (1) Ç'aurait été afin de décharger la cour du sénéchal que le Parlement de Toulouse avait invité le sénéchal de cette ville à créer un juge particulier, spécialement désigné pour vider les procès où les Juifs seraient intéressés relativement au paiement de l'impôt. Cet arrêt était rendu à la requête des Juifs Crescas et Dieulosal, syndicts de la communauté de la sénéchaussée.

Les prérogatives des Juifs par cet arrêt étaient augmentées mais ils ne bénéficièrent pas longtemps de cette nouvelle création car Philippe le Bel, en 1292, renvoyait les Juifs à se pourvoir devant la juridiction des Chrétiens. Cependant, dès 1293, nous constatons une nouvelle réapparition de la juridiction spéciale qui devait durer jusqu'en 1294, à cette époque le roi rendait une ordonnance qui les soumettait à nouveau à leurs juges ordinaires en toutes matières où ils intervenaient, aussi bien en droit réel, que civil ou criminel.(2)

Charges et impositions fiscales pesant sur les Juifs de Montpellier.

Par rapport aux Juifs du Roi, ceux des seigneurs

(1) Dom Vaissette IV preuves 88.
(2) Ordonnance des Rois de France T. 1 p. 397.

du Midi ont été favorablement traités. Nous en avons une preuve certaine dans toutes fraudes auxquelles ceux là avaient recours pour se soustraire à la domination royale et aux nombreux procès auxquels nous avons fait allusion en contestation de qualité.

Sous la juridiction des seigneurs les Juifs étaient vus avec complaisance , cela tenait, d'une part a ce que l'appetit de ces seigneurs locaux était moins grand que celui des rois de France et de plus de ce que les Juifs payaient sans se faire prier les impôts auxquels ils étaient soumis. Vivant depuis des siècles au milieu d'une population qui les tolérait , acceptés par les mœurs à cause de l'essor économique que donnait leurs richesses, ils n'avaient aucune raison de se soustraire aux charges imposées par le fisc. De plus, alors que les Juifs du Roi étaient astreints à de nouvelles charges, généralement chez les Seigneurs, ils étaient seulement tenus d'une redevance invariable, de fait du moins. Il est constamment renouvellé dans les concessions de privilèges que les seigneurs s'interdisent la faculté d'exiger jamais plus que le sens réglé soit anciennement, soit par les coutumes elles-mêmes (1).

(1) Revue des Etudes Juives, T. XXII N° 44 p. 271 Ordonnance de confirmation des privilèges des Juifs à Mont-

Cette clause religieusement observée de la part des seigneurs de Montpellier, mettait les Juifs de cette ville à l'abri de l'existence précaire dans laquelle se trouvaient ceux du roi desquels on exigeait sans cesse de nouveaux sacrifices.

Le paiement des impôts, avons-nous indiqué, se faisait régulièrement et nous pouvons le contaster par certains certificats qui nous ont été transmis, délivrés comme quittance par l'autorité compétente à la communauté juive à laquelle on ne pouvait ensuite rien réclamer.

Ces certificats nous permettent de constater que l'imposition frappant la communauté de Montpellier s'élevait par an à 50 florins, ce qui à notre avis, parait être une assez lourde charge et un témoignage nouveau et certain en faveur de l'importance et de la richesse de la population Juive dans cette ville. (1)

Outre les impositions pécunières les Juifs de Montpellier étaient soumis à une multitude de charges supplementaires. Ils doivent veiller par exem-

---

pellier, du 18 octobre 1252. Arch. Municipales de Montpellier, Grand Thalamus, fol 44, pièce N° 91 document publié dans nos pièces pustifiicatives N° VI.

(1) Revue des Etudes Juices T. XXIII N° 46. p. 275...«Notum facimus per presentes nos esse sufficienter informatos, tam per testes dignos quam per inspectionem libo-

ple à l'entretien et à la sécurité de la ville et des remparts, comme tout citoyens ils sont tenus de l'obligation d'«Ost» et en cas de siège ils étaient enrolés dans l'armée de défense de la ville. A ce propos, il n'est pas sans intérêt de noter un incident curieux qui s'éleva entre les Consuls et les membres de la communauté au cours de la guerre des Albigeois au début du 13e siècle. Cette émeute, dirigée tant contre les hérétiques que contre les Juifs, fut dans certaines régions particulièrement néfaste pour ceux-ci. L'Histoire nous rapporte qu'à Béziers notamment, deux cents furent jetés en prison, et autant tués par Simon de Montfort qui dans le pays s'était mis à la tête du mouvement.

Aucun événement de cette sorte n'est mentionné dans l'histoire de la ville de Montpellier et ce qui est étrange à noter c'est que, quand Simon de Montfort s'apprêta à venir se comporter de la même façon dans cette ville, les consuls, jaloux de leurs pri-

---

rum consulatus Montis pessulani quod Judei et Judee tunc habitantes in Montepessulono composuerunt cum tunc consulibus ejudem ville, pro supportacionibus onerum ejus dem ville, et solverunt eisdem, scilicet quolibet anno rum M.CCCLXII et LXIII, centum florenes auri....

Archives Municipales de Montpellier Louvet DXX N° 24 Le document complet est publié dans nos pièces justificatives N° IV.

vilèges et de leur indépendance, résolurent d'en faire garder les murs, afin d'empêcher son armée d'y pénétrer. Les Juifs étaient donc pour une fois épargnés, mais les consuls ne désirant rien perdre de la faveur qu'ils leur accordaient, les invitèrent à participer lourdement aux charges nécessitées par la défense de la place. Ils les priaient de vouloir bien fournir tant pour la garde que pour la protection de la ville «omnes quadrillos», toutes les flèches dont on pourrait avoir besoin pendant la durée du siège de Montpellier ou des châteaux de Castelneau et de Lattes. Invoquant en outre, un engagement que les Juifs avaient autrefois pris envers les seigneurs de Montpellier, ils leur demandaient de livrer toutes les flèches nécessaires à l'armée que l'on pourrait se voir un jour dans l'obligation de former.

C'est alors que les Juifs protestèrent vivement contre une imposition si lourde et prétendirent n'être tenus que d'une taxe bien moindre, soit deux saumates de fer «duas saumatas ferri ad opus quadrillorum» et cela, seulement au cas où l'ennemi viendrait mettre le siège pendant deux ou trois jours devant Montpellier ou ses châteaux-forts; ajoutant que, si jamais eux ou leurs prédecesseurs avaient consenti à la fourniture d'une aussi grande quantité de flèches, ce n'était point en vertu d'un droit ou d'un engagement pris, mais uniquement par crainte ou à la suite d'un acte de violence. Une enquête fut donc faite sur l'ordre des consuls qui sembla confirmer les prétentions de la communauté, c'est pourquoi de bonne grâce et dans l'intêret de la ville, les consuls conclurent avec les Juifs le traité suivant: « Si une armée vient assiéger «Montpellier ou les Chateaux de Castelneau et de «Lattes et y campe pendant plus de deux jours, les «Juifs fourniront dès la première heure du troi-«sième jour, tant pour la garde que pour la dé-«fense de la ville, vingt mille flèches «vigenti milia quadrillorum balistarum» de «croc», qu'ils tiendront «d'ailleurs, toujours prêtes».

«Si la dite armée, après la livraison par les Juifs «de ces flèches lève le siège de Montpellier ou de ses «chateaux, mais revient devant ces lieux dans les trois mois à partir de sa retraite, les Juifs devront «fournir à nouveau vingt mille autres flèches».

«Si la dite armée revient après les trois mois «à partir de son retour, une nouvelle imposition de vingt mille flèches sera réclamée aux Juifs.

«Si une autre armée, après la retraite de la première vient encore assiéger Montpellier ou ses «Chateaux et campe autour de leurs murs pendant «deux jours, pareille quantité de flèche sera exigée «des Juifs.

«Les Juifs sont dispensés, eux et tous leurs suc«cesseurs de toutes les autres taxes auxquelles les «Consuls voulaient les soumettre... (1)

Des traités analogues ont été souvent signés durant l'histoire de Montpellier qui tous imposaient aux Juifs de cette ville l'obligation de contribuer aux frais nécessités par la défense. C'est ainsi qu'en 1362 de nouveau, les consuls pour garentir la ville des ravages des Grandes Compagnies, voulant entourer les faubourgs d'une palissade invitèrent encore les Juifs à participer aux frais. Ceux-ci prétendirent, qu'en vertu des engagements anterieurs, contractés avec les officiers du roi, ils étaient dispensés de toute participation a cette nouvelle dépense. Leur exemple ayant été suivi par un certain nombre de chrétiens, les Consuls s'adressèrent au roi et firent valoir à ses yeux le grave danger que ce refus pourait entraîner pour la sécurité de la ville. Charles de Navarre écoutant leurs plaintes ordonna par une ordonnance datée de St. Jean Pied-de-Port (18 février 1371) à ses officiers de contraindre les Juifs et les Juives

(1) Revue des Etudes Juives XVIII p. 267. — Pièces justificative N° 1.

à contribuer selon leurs moyens «rationabiliter et secundum facultates» tout comme les chrétiens, à la construction de la nouvelle enceinte. Mais comme ce refus de la part des Juifs n'était pas passé inaperçu, ces derniers ayant été molestés par quelques chrétiens exaltés, le roi de Navarre enjoignit en outre, à ses officiers de ne pas permettre aux chrétiens de saisir cette occasion ou toute autre pour molester les Juifs qui habitaient sa seigneurie. (1)

Telles étaient a peu près toutes les charges importantes auxquelles les Juifs de Montpellier devaient se soumettre, il va sans dire qu'il y en avait bien d'autres correspondant à des concessions de privilèges. Par exemple, à la suite de l'accord qui eut lieu entre la communauté israélite et l'Evêque de Maguelone au sujet de la synagogue qui avait été construite à Montpellier, les Juifs pouvaient librement pratiquer leur culte et dire leurs prières suivant le rite de leur religion, mais par contre, ils devaient verser «400 francs d'or d'un bon

---

(1) Revue des Etudes Juives T. XXIII N° 46, p. 276. Pièces justifiicatives N° II

(2) Quadringintos francos auri boni ponderis per servinos frascriptos. videlicet du centos francos auri in festo beate Marie mensis Augusti proxime venientis et alios ducen-

poids pour l'accord convenu, 200 francs d'or au prochain août pour la fête de Marie et 200 autres francs d'or pour la fête de la Toussaint» (2)

Enfin, nous avons un texte nous indiquant une imposition d'ordre plus général ne frappant pas seulement les Juifs de Montpellier, mais ceux de tout le Languedoc. C'est une lettre du Juge conservateur des privilèges des Juifs pour faire payer ceux du Languedoc de leur part du don de joyeux avènement à la couronne, et la confirmation de leurs privilèges en 1364.

Leurs privilèges ayant été à nouveau reconnus, ils étaient tenus de payer à Charles V montant sur le trône la somme importante de 4000 francs or. Ceux-ci, n'étant sans doute pas pressés de payer , le comte d'Estampes, gardien de leur privilège, responsable, ordonne à Salomon de Moncurchau de rassembler tous les Juifs de cette contrée et de les contraindre, suivant l'assiète qu'il fixera «par prise, vendicte et explectation de leurs biens» à s'acquitter de l'engagement qu'ils avaient contractés. (1)

---

tos francos auri in festo omnium sanctorum etiiam proxime venientis..

Cartelaire A de l'Evèché de Maguelone fol. 314 déposé aux archives départementales de l'Hérault.

Des moyens de contrainte. —

Nous trouvons dans les moyens de contrainte destinés à assurer la rentrée des impôts de grandes analogies avec nos modes actuels. A la tête et personnellement responsable le pouvoir royal nomme un de ses officiers, le gardien des privilèges, qui lui, nomme auprès de chaque communauté des collecteurs et agents plus près des contribuables et les connaissant, pouvant évaluer la fortune de chacun. Ce sont ces derniers qui sont chargés de constituer l'assiète de l'impôt. Celle-ci étant constituée, «chacun des dits Juifs et Juives sont tenus selon sa force et pouvoir, si aucun d'eux estoient refusant de payer, comme dit est», on pouvait les y contraindre «par la manière qu'il est accoutumée de faire pour les propres dettes royaux jusqu'à pleine satisfaction» et afin d'aider les receveurs dans leur mandat, il était généralement donné au bas de chaque mandement une sorte de formule exécutoire (1) permettant à ceux-ci

(1) Revue des Etudes Juives T. XXIII N° 46 p. 273 «De ce faire, nous donnons pouvoir, mandons et commandons de par mondit seigneur le Roy et de par nous, à tous les officiers et fresticiers et sujets du dit royaume, que a vous en faisant et accomplissant les choses des sus dittes, obéissent et entendent diligemment et vous prestent conseil, confort et ayde réunis;

(Archives départementales de l'Hérault. Lettres-patentes

de requérir la force si tout fois ils éprouvaient quelque difficulté dans leur mission.»

Nous pouvons en outre, à Montpellier, noter un mode de contrainte original consistant en ce que il arrive fréquemment, à l'image de ce qu'il se passe encore dans certains pays Anglo-Saxons ou des Balkans que sur l'ordre des autorités compétentes , les percepteurs communaux assuraient la rentrée de l'impôt en contreignant les Juifs en leur enlevant les portes et les fenêtres de leurs habitations, (1) et sans insister sur des modes de contreinte plus directs encore, nous croyons devoir terminer en disant qu'il est peu probable que la communauté de Montpellier se soit montré hostile à l'exécution des charges. Elle avait peu d'intérêt en effet à se soustraire à ses impositions qui, quoique nombreuses, lui assuraient la paix et la tranquilité. A notre avis, comme nous l'avons constaté par divers certificats, tout le monde

---

de la Sene chaussée de Nismes T. II fol 219 Voir nos pièces justifiicatives N° III.

(1) Revue des Etudes Juives T. XXIII N° 46 p. 277...«Quodque exequcio facta supercontra dictos Judeos, amovendo eis jamas habitacionum suarum pro fogatgio et tallio communi, noviter in dicta villa indictis per honorabiles viros consules dicti loci....

(Archives de Montpellier, Louvet D.XX, N° 23.)

s'exécutait assez volontairement, trop heureux de n'être pas menacé d'explusion à laquelle ils pouvait s'attendre chaque jour.

CHAPITRE II

PRIVILÈGES ET VEXATIONS

§ I

IMPORTANCE DES PRIVILÈGES CONCÉDÉS AUX JUIFS ANTÉRIEUREMENT AUX XII SIÈCLE.

La concession de privilèges à la race Juive dans les pays du midi, a été antérieure au 12me siècle sans remonter dans l'histoire au delà de la monarchie carlovingienne, nous les voyons dans les guerres de Charlemagne, après une courte entente avec les Sarrazins, s'unir aux Chrétiens afin d'aider les Francs à repousser les Barbares.

Comme première faveur nous voyons le roi après le siège fabuleux de Narbonne, leur concéder une partie de la ville qu'ils pourront posséder en propriété. (1)

Le roman de «*Philoméla*» nous rapporte de nombreux récits dans lesquels nous trouvons reproduites certaines actions d'éclat des fils d'Israël c'est pourquoi, en récompense des services rendus et de leur fidélité, de nombreux privilèges leur étaient en outre accordés, ce qui nous expli-

(1) Dom Vaissette Edition du Mège Addition T. II p. 30.

querait les faveurs singulières dont nous les trouvons investis dans les siècles suivants.

Ce qui est certain c'est que sous Charles-Martel toute trace de vexation disparait après la conquète de la Septimanie, la protection des rois carolingiens leur fut acquise dès l'origine. Dès cette date, ils ont la possibilité de posséder héréditairement des biens fonds, droit qui leur fut concédé par Pépin le Bref et confirmé par Karle et Karloman (1).

En vertu de ces importantes concessions ils possédèrent des biens allodiaux jusque dans les faubourgs et dans les villes, ils eurent même la possibilité d'avoir des Chrétiens à leur service pour l'exploitation de leurs terres. C'est à la suite de ces trop larges libertés que les autorités religieuses cherchèrent à entraver l'exercice de leurs droits, redoutant les inconvénients pour la foi. Mais malgré les plaintes des évêques, les Juifs furent maintenus en possession de leurs biens et en 839 Louis le Débonaire confirmait à ceux de la Septimanie les droits de disposition sur les immeubles

Ce droit se maintint pour eux durant tout le cours de la monarchie carolingienne et on ne peut

(1) Dom Vaissette I, 522.

voir dans l'acte de confiscation par Charles le Simple en 899 de tous les biens possédés par les Juifs du comté de Narbonne soumis à des dîmes au profit de l'Eglise de ce comté, autre chose que la simple interdiction pour ces derniers de posséder des biens assujétis à des dimes ecclésiastiques, mais non celle de posséder des terres franches ou des alleux.

Nous devons en conclure que durant toute cette période, malgré le courant qui se dessine déjà de la part de l'Eglise, les Juifs ont joui de leurs privilèges dans une douce tranquilité.

Cet état devait se prolonger pendant tout le cours du dixième siècle.

§ 2

Étude des Vexations à Montpellier

Dans tout le midi de la France au 11me siècle, éclata contre les Juifs un renouveau de persécutions et de véxations de toutes sortes. Les Juifs de Montpellier n'y échappèrent pas quoique là, comme dans les pays dépendant des comtes de Toulouse il y eut un peu de modération.

Ce mouvement était dû a de nombreuses causes. Pouvant s'expliquer d'abord par les attaques violentes du clergé qui commençait à craindre pour la religion en péril, mais surtout parce que venait de s'accomplir une révolution profonde dans les mœurs.

Alors que jusqu'à ce jour les populations barbares qui avaient envahi les provinces méridionales de la Gaule , avaient vécu distinctement et appliqué dans leurs rapports, leur législation propre, par leur contact, leur commerce continuel, elles avaient fini par s'amalguamer et ces diverses races ayant formé un seul peuple s'étaient à jamais confondues.

Seuls les Juifs avaient conservé leurs manières de vivre et maintenu leurs usages. Cet état se distinguait d'autant plus que c'était un fait isolé.

C'est donc de ce moment que datent les avanies auxquelles ils sont soumis. Dans les villes où ils habitent, ils sont tenus d'öccuper un quartier spécial, il en est ainsi partout où nous trouvons des communautés importantes, à Nimes, à Béziers, à Narbonne, à Toulouse et à Montpellier.

Le « Ghetto » à Montpellier

Ce quartier (1) dans cette dernière ville à varié avec les époques.

Les Juifs vécurent d'abord dans le faubourg de Villeneuve ou de la Saunerie, c'est-à-dire dans la partie sud-ouest de la ville, derrière les remparts donnant sur la route de Toulouse. Puis sur la place des Cévénols, aujourd'hui la place de l'Herberie, position qui semble marquer une étape de plus vers le haut de la cité, car, comme nous l'indique un document de 1365 (2), nous les voyons définitivement installés à cette époque dans la rue Barallerie ou Sabatarié, aux abords de la Canourgue et du Palais. (3)

---

(1) Le quartier dans lequel les Juifs étaient relégués s'appelait généralement le «*Ghetto*» nom qui lui était donné en Italie. Dans le Comtat Venaissin et la Province il s'appelait la «*Carriera*», en Allemagne, «*Judenviertel*» d'après Reinach ce seraient les Juifs eux-mêmes qui se seraient assignés ces quartiers spéciaux afin de conserver leur esprit de corps et de mieux se défendre contre les attaques populaires. Les Papes régularisèrent cet usage en les consignant dans leurs quartiers d'o ils ne devaient sortir qu'à certaines heures.
Reinach. — *Histoire des Israëlites* page 143.

(2) Revue des Etudes Juives T. IXX N° 38 p. 274, cité dans nos Pièces justificatives N° V

(3) Gariel Ser. Praes. 1re partie p. 436 et Germain. Hist. de la commune de Montpellier T. III p. 261. D'Aigiefeuille

Quel n'est pas notre étonnement lorsque un peu plus tard, nous les retrouvons dans la rue Vacarié ou Vacherie près de la porte de la Saunerie ! Nous avons la cause de ce changement dans une ordonnance du duc d'Anjou ,par laquelle il prescrivait au Bayle de Montpellier de les forcer à vider le carrefour de Castelmouton où ils s'étaient retirés afin de se soustraire aux déprédations des gens de guerre auxqu'elles ils étaient constamment exposés dans le quartier de la Saunerie, ce qui avait motivé leur retrait au grand scandale de nos bourgeois (1)

Par la suite néammoins, ils réussirent à revenir vers la partie haute de la ville et se fixèrent définitivement sur la place des Cévénols qui parait leur avoir servi de dernier campement. Cette place d'ailleurs porte encore le nom générique de Juiverie.

La réprobation dont ils furent l'objet résulte encore plus clairement de divers réglements de police contenus dans le Petit Thalamus. Dans un établissement datant du 6 mai 1368, en effet, il nous est dit «que les Juifs et Juives qui habitent Montpel-

---

Hist. de Montpellier T. II p. 548; Germain, ouvrage cité T. III p. 246.

(1) Revue des Etudes Juives T. XX n° 38 p. 279, cité dans nos pièces justificatives n° V)

lier ne puiseront ni ne boiront l'eau d'aucun puits ni d'aucune maison de cette cité; ils auront l'usage d'un seul puits que nous leur assignerons, afin que les chrétiens ne boivent ni leurs souillures, ni leurs scandales. (1) Enfin aucun mazellier ne vendra ni ne fera vendre sur aucun marché public de Montpellier les viandes destinées à leur nourriture; ils auront pour cela un endroit spécial qui leur sera indiqué» (2)

Jaime Ier en 1267, d'ailleurs, lors d'un voyage à Montpellier créait une boucherie spéciale destinée à subvenir aux besoins de la communauté (3)

Là ne se résumait pas les mesures vexatoires prises vis-à-vis d'eux, déjà en 1215 le concile de Latran leur avait imposé de porter dans toute la chrétienté un signe distinctif sur leurs habits de façon à prévenir les confusions avec les chrétiens. (4)

---

(1) Petit Thalamus p. 166 — 167 cit. par Germain p. 246 «Premieramens que los Juziens ni la Jusiensas habitans en Montpellier non auzon posar ni beure ayga en negun pos de Monpellier, ni en tot lostal daquel, sinon en 1 solet pos, lo cal nos leur assignarens, afiin que los crestians non bevon lars sobras pudytas ni autres escandals, o autres non se y puescon estalvar.»

(2) Petit Thalamus, page 166 sq. cf. Germain : Hist. de la Commune de Montpellier, p. 246, T. III

(3) Germain : Hist. de la Commune de Montpellier, p. 31, T. II

(4) Labb. SS. Concil, XI, 233; Cf. Rohrbarcher, Hist. Universelle de l'Eglise catholique, XVII, 452; Cf. op. cit. T. III, p. 248.

Plus tard en 1249 le Pape Innocent IV invitait l'Evèque de Maguelone d'imposer aux Juifs de son diocèse, dont ceux de Montpellier faisaient partie, l'obligation de quitter à l'avenir les capes rondes et larges qu'ils portent, à la manière des clercs et qui les font prendre quelques fois pour des prêtres, ce qui de l'avis de ce haut prélat était une méprise facheuse car on leur accordait des honneurs et une considération dont ils se trouvaient indignés.

C'est pourquoi, il désire que les Israélites de nos contrées adoptent désormais une forme de vêtement qui permette de les distinguer, à la simple vue, non seulement des clercs mais encore des laïques » (1)

Les Juifs, cela se conçoit ne désiraient pas outre mesure s'affubler de toutes ces marques qui les distinguaient et les mettaient à l'index de la popu-

---

(1) « Tua nobis fraternitas intimavit quod Judei tuæ diocesis et circum positorum locorum, non sine ordinis clericalis injuria, capas rotundas et largas, more clericorum et sacerdotum deferre præsumunt; propter quod sæpe contingit ut a peregrinis et advenis eis tanquam sacerdotibus honor et reverentia indebita præbeatur. Nolentes igitur ut ab ipsis de cætero talia præsumantur, mandamus quatenus præfatos Judaeos ut, capis hujus modi omnino dimissis, habitum eis congruentem deferant, quo non solum a clericis, verum etiam a laicis distinguantur...»

Innocent. pap. IV epist. ad episc. Magal., ap. Baluze, Miscellan. VII, 407 sq. cf. Germain op. c. III p.247 sq.

lation, aussi cherchaient-ils à éluder du mieux la règle qui leur était imposée et nous comprenons qu'ils aient été à cet effet l'objet de rappels à l'ordre réitérés, non seulement de la part de l'Evêque, mais aussi des princes séculiers.

Divers témoignages nous ont été transmis, par lesquels à plusieurs reprises le roi de France Philippe le long, enjoignait au sénéchal de Beaucaire de veiller à l'observation et au maintien des précédentes dispositions. (1) Quelques temps plus tard, le roi Jean revenait sur les mêmes mesures et déclarait dans ses lettres patentes du 20 octobres 1363, où la ville de Montpellier était visée particulièrement: «Ordonnons que tous les Juifs, de quelque estat qu'ils soient et en quelque terre qu'ils démoure ront, dores en avant porteront un grand rouelle ,

(1) Germain op. cit. T. III p. 248 note. Lettre de Philippe V, du 10 octobre 1317, cit. p. Ménard, Histoire de Nismes T. II Pr. 25: «Signa que ante eorum captionem portare consueverant, faciatis ipsos in eorum vestibus superioribus evidentur portare, ut mulierum profana commixtio evitetur. Non enim debent verecundos se reddere, si palam se Judeos exhibeant, quorum sectam se verbo colere profitentur.» En 1319, Philippe V écrivait encore: « Judeos quoscumque et alios quos contra constitutiones nostras venisse, fraudulososque aut alios illicitos exercuisse contractus noveritis, saliter puniatis, quod ceteris transeat in exemplum, nec permittatis aliquem Judeum incedere sine signo quo Judei uti consueverunt hactenus et a Christianorum professione discerni». Archives municipales

bien notable de la largeur de nostre grand seel, partie rouge et de blanc et telle que l'en puisse bien apercevoir, ou vètement dessus, soit mantel ou autre habit, en tel lieu qu'ils ne la puisse muser, nonobastant quelconque privilège que eux ou aucun d'iceux dient avoir ou ayent de non porter icelle rouelle, lesquels nous cassons, irritons et mettons le tout à neant» (1)

Comme il était à prévoir que les Juifs ne se soumettrait pas volontairement à ces obligations, toutes les ordonnances rendues, dans cette intention contenaient généralement une série de sanctions destinées à en garantir l'application. C'est ainsi que nous lisons dans la lettre, dont il a été question plus

---

Arus. D Cass XX, n° 7; cf. Arch. départementales, Collec. ined. D. Pacotte T. I cit. Germain.

(1) La Rouelle: parait avoir été empruntée à la législation des arabes; c'est le concile de 1215 qui l'introduisit en pays chrétiens. C'est un morceau d'étoffe en forme d'O que les juifs devaient porter apparemment sur leur vêtement. Le prétexte de cette innovation était d'empêcher les mariages mixtes, contractés disait-on quelquefois par erreur, le but véritable, d'après Reinach (Histoire des Israélites) était d'en faire un signe d'infamie les exposant à la risée de la populace. La rouelle fut adoptée partout sans difficulté sauf en Espagne. C'était généralement un morceau d'étoffe carré ou rond, rouge, jaune, blanc et rouge. A Avignon, la rouelle était remplacée par un bonnet jaune. A Prague par un manche de même couleur. En Italie et en Allemagne par un capuchon, un chapeau rouge ou vert, une coiffure en forme de corne.

haut, que Philippe V adressait au Sénéchal de Beaucaire et au Recteur de Montpellier «Judeos quoscumque et alios quos contra constitutiones nostras venisse, fraudulososque aut alios illicitos exercuisse contractus .... »et dans l'ordonnance du roi Jean dont nous publions le texte ci-dessous, ...«contrarium vero faciendes taliter puniendo, quod cedat aliis in exemplum»

La peine dans ces deux textes nous parait comme devant être indéterminée, et laissée à la libre appréciation du Juge, ce qui est normal à cette époque comme d'ailleurs dans tout notre ancien droit.

Il y a cependant une telle insistance dans les exemples que nous avons cités que l'on peut présumer que la peine devait être très dure pour être telle «qu'elle dût servir d'exemple à ceux qui voudraient continuer à enpreindre les dispositions légales». (1)

(1) Germain: op. cit T. III note p. 249; Ordonnances des Rois de France T. III p. 641. Cette ordonnance quoique devant être exécutée dans tout le royaume semblait avoir été provoquée par les consuls de Montpellier: «Consules dicte vile» il est dit dans une lettre patente adressée par le roi Jean le 6 oct. 1362 de Troyes au Bayle de Montpeller, «nobis fecerunt exponi quod Judei in dicta villa» »commorantes signum quod a Christianis cognosci pos»sint in loco non satis apparenti et minus quam deceret »deferunt, et sic alisque notabili differentia vel signo de»bito cum Christianis incedentes non verentur conserva»ri, et quibus nefanda perhorrenda et abominanda, quod

Dans un autre ordre d'idée, ne pourrait-on pas voir une marque d'infériorité dans d'autres nouveaux témoignages ? On trouve au Cartulaire de Maguelone (1) la vieille disposition d'un tarif qui soumet tout Juif abordant sur une plage voisine de Montpellier, ou qui la quittait , à un pèage de trois sols, toute juive enceinte six sols, alors que la Juive non enceinte devait payer trois sols seulement, comme le Juif; le Juif a pied paye six deniers (2). Ces taxes particulières sont édictées avec celles qui frappent les bêtes de somme entrant dans la région de Montpellier, nous indiquant que le Juifs est quant à l'impôt assimilé au roussin ou au mulet au milieu desquels il se trouve intercalé.

»dolenter referimus, dicuntur provenisse, et in posterum »pervenisse possent, nisi super iis provideretur, prout dicunt. Quocirca, nos premissis obviare et occurere cupientes, vobis districte precipiendo mandamus quatenus dictos Judeos utriusque sexus, cujuscumque conditionis aut etatis existant, compellatis seu compelli faciatis signum notabile et apparens déferre in loco adeo eminenti et apparenti, quod notabili differentia a Christianis co»gnosci possint in futurum; contrarium vero facientes ta»liter puniendo, quod cedat aliis in exemplum, super iis »taliter vos habentes, quod ad nos de cetero nulla refera»tur querela.» Arch. mun. Arm. D. Cass XX n°16.

(1) Cartulaire de Maguelone Reg. C. fol 195

(2) Tot colier que porta mersaria, la carga II s. Juzien a pepagna VI d.; Rossi VI d.; Muol VI d. etc.; Petit Thalamus p. 239

Il figure également au troisième tarif, entre la jarre d'huile et l'esclave, à l'unisson de qui il est condamné à payer cinq sous pour le droit de passage, c'est-à-dire autant que la gerfraut et neuf fois plus que le perroquet, qui le suivent escortés des jambons et des cercles de barriques. (1)

Nous trouvons encore une trâce de cette déchéance dans la coutume de Montpellier elle-même à son article 23. «La Cour», nous déclare cet article, «ne connait ni de toutes les injures, ni de tous les outrages à moins cependant que l'offensé ait porté plainte; elle n'intervient d'elle même que lorsque quelqu'un crie ou injurie un autre en l'appelant méchant serf, traitre ou voleur fiéffé, parjure ou méretrix, elle intervient encore si l'on reproche à l'homme ou à la femme d'avoir été fustigé judiciairement, ou si on appelle Juif un Chrétien, serait-il issu de famille Juive. Ces outrages, poursuit l'article, son équivalents à des coups et blessures et la Cour les apprécie selon la qualité et la dignité des personnes. Si donc quelqu'un les a proféré, il sera déclaré coupable d'injures et paiera une amende à la Cour et une composition à l'injurié. Mais sur l'amende, la Cour pourra faire la re-

(1) Petit Thalamus p. 242

mise qu'elle voudra. Si la personne qui a traité de la sorte un prud'homme ne peut pas payer elle satisfera corporellement.»

Ce dernier exemple suffit pour établir clairement une fois de plus l'antipathie traditionnelle des Chrétiens à leur égard qui n'a cessé de se manifester, durant tout le Moyen Age. Quelle ignominie, quelle infamie pour les bons bourgeois de Montpellier que d'être traités de Juifs, alors même que descendants de convertis ils pouvaient avoir des parents parmi ceux-ci! Ceci explique pourquoi une pareille accusation était placée chez eux sur le même rang que le servage, le vol, le parjure et surtout pour quelles raisons de telles offences étaient considérées comme si graves, qu'elles n'avaient pas besoin pour mettre l'action publique en mouvement, de plaintes préalables. Il suffisait d'établir d'une façon certaine que les paroles reprochées aient été prononcées pour que le coupable soit jugé et puni sévèrement.

L'infériorité dans laquelle se trouvent les créanciers Juifs à l'égard de leurs débiteurs chrétiens est une nouvelle preuve, un témoignage nouveau de cette déchéance. Alors, dit la charte de 1204, art 36, que les débiteurs insolvables doivent être livrés à leurs créanciers *chrétiens*, à charge pour eux de leur faire quitter la ville» Cette disposition exclut les creanciers Juifs qui n'auraient pas dû avoir de moyens de contrainte pour se faire payer, cependant, en fait, il n'en était rien et bon nombre de débiteurs chrétiens étaient, par les Juifs, trainés en prison au grand scandale des consuls de Montpellier qui obtinrent en 1319 de Philippe V le long, des lettres patentes destinées à diminuer leurs appétits.

Les consuls en effet s'étaient plaint de ce que les Juifs et autres usuriers se livraient à de tels excès que non contents de ruiner radicalement les emprunteurs, ils les forçaient à aller mourir en prison sans leur permettre de se libérer par une cession légitime de leurs biens. (1)

Les Juifs ont ils eu beaucoup a souffrir de ces vilainies? C'est la question que nous devons nous

---

(1) Ex gravis querella, consulum Montispessulani, sicut aliter, dedicimus quod Judei et alii notorii usuarii tot et tam magnas usuras in illis partibus exercent, quod adeo fraudulentos contractus ineunt cum illis qui cum illis contrahunt, quod infra breve tempus contrahentium cum eisdem omnino exhauriant facultates, ac postmodum virtute contractuum hujusmodi eosdem faciunt in carceribus detineri... quosque ibidem diem claudunt extremum.

Lettre de Philippe le long de 1319 arch. municipales Arm. D. cass. XX. cit. Germain op. cit. p 253, note.

poser en terminant. Nous ne le croyons pas, le seul titre de bourgeois ou de citoyen de Montpellier les élevaient au dessus de toutes ces marques dégradantes. De plus tous les seigneurs de cette ville se sont généralement montrés hostiles aux perceptions des taxes les assimilant à des esclaves ou à des bêtes de somme, par ce qu'ils les considéraient comme trop avilissantes, c'est du moins ce qu'il semble résulter de nombreuses plaintes adressées par l'Evêque de Maguelone à Guillaume, seigneur de Montpellier, dans lesquelles il lui faisait grief, surtout de ne pas appliquer le tarif.

---

§ 3

Études des Privilèges à Montpellier

Les Juifs de Montpellier quoique soumis à des obligations multiples étaient, nous avons eu maintes fois à nous en apercevoir, placés dans une situation bien supérieure à celle de leurs correligionnaires dans les pays voisins. Ils avaient acquis, grâce aux nombreux services qu'ils rendaient une situation florissante dûe en grande partie à la concession de nombreux et importants privilèges qui leur a permis de supporter sans se plaindre la condition inférieure qui leur fut faite dans tout le monde chrétien.

Les seigneurs eux mêmes, ont si bien compris l'interêt qu'ils avaient à les ménager qu'à tout instant, nous les voyons intervenir pour entraver le mauvais vouloir des Consuls qui s'acharnaient, si non à les persécuter, du moins à diminuer leurs prérogatives.

Celui qui s'est manifesté le plus souvent en leur faveur, celui qui leur témoigna le plus d'égards est certainement Jaime 1er.

Dès 1252, alors que partout ailleurs on sévissait contre les Juifs et on les persécutait, ce dernier prenait l'initiative d'enjoindre à son baile de Montpellier et aux consuls de cette ville de cesser vis à vis d'eux toute espèce de mauvais traitements et confirmait par le même acte à Astruc de Carcassonne, à Abraham fils de Bonet et à toute la communauté Juive de Montpellier «et toti universitati judeorum in Montipessulano habitantiumm» tous les privilèges qu'ils tenaient de lui et de ses prédécesseurs, « et specialiter privilegium quod vobis concessimus super tributo quod nobis tenemini annuatim» (1) Cet acte de confirmation nous indique que Jayme 1er roi d'Aragon, nourrissait à l'égard de ses Juifs des sentiments bienveillants, de plus, quoi-

(1) Revue des Etudes Juives T. XIX n° 38 p. 271. «Noverint universi quod nos Jacobus... per nos et nostros »laudamus, concedimus et confirmamus vobis, Astruch de »Carcassona, et Abraham, filio quondam Boneti Judei, et »toti univedsitati Judeorum in Montepessulano habitan»tium,presentum et futurum, omnia instrumenta et privi»legia a nobis et a nostris antecessoribus vobis concessa »et confirmata, super vestris franchitabus et consuetudi»nibus et quibuslibet aliis causis, et specialiter privile»gium quod vobis concessimus super tributo quod nobis »dare tenemini annuatim, volentes et concedentes vobis »quod predicta privilegia omnia et singula perpetuam et »plenarium habeant firmatem mandantes tenenti locum »nostrum in Montepessulano..., quod predicta privilegia »vobis et vestris successoribus inviolabiliter observent et »observari faciant et contra ea vel eorum aliqua non ve»niant nec aliquem venire permittant...»

(Carta cal rei Jac confermet las franqueras als Juseus de Monpelier que lor avia dadas) — Arch. mun. de Montpellier Grand Thalamus, fol. 44 V°, pièce n° 91.)

que le texte ne nous détaille pas les privilèges dont il est question, ils devaient être nombreux, et celui qui parait avoir été le plus important puisqu'il fait l'objet d'une disposition spéciale est une concession attribuée moyennant un versement annuel, qui, en toute vraisemblance, doit correspondre à la taille particulière à laquelle les seigneurs de Montpellier avaient de tout temps, soumis les Juifs de leurs domaines. (1)

Quelques temps après, ce même seigneur, intervenait en leur faveur à la suite de certaines exactions en invitant son intendant de Rochefeuille, le baile de Montpellier et les consuls de ne plus tolérer à l'avenir qu'ils fussent molestés d'aucune façon et pour quelque cause que ce soit. (2) A la même époque les mêmes dispositions étaient encore consacrées dans la grande charte d'amnistie du 10 décembre 1258 en ces termes, «Alors que les Juifs,

---

(1) Voir sur la taille des Juifs, D'Aigrefeuille, Histoire de Montpellier, 2ème édition t. I p. 50 et 88 et t. II p. 545 cf. Germain Hist. de la Commune de Montpellier t. I p.LX. «Uxori mee Agneti, vice et loco eorum que tempore matri-»monii ei concessi, relinquo ei tempore vite sue Castrum-»novum et Castrum de Monteferrario, et balnea et lesdam »Petroni et de legatorio, et *censum Judeorum.*»
Testam. Guillelm VIII ap. Mem. des Nobles, fol. 49 V°, et d'Achéry, Spicileg III, 561 in-fol.

(2) Arch. municipales Grand Thalamus fol. 44 V°, cf. Revue des Etudes Juives.

dans les terres des seigneurs chrétiens vivent en l'état de servitude, nous invitons les consuls de cette ville de ne commettre à leur égard, à ceux qui y habitent ou y habiteront aucun mal, nous le voulant (1)

Telle fut à Montpellier leur situation générale jusqu'à leur expulsion sous Philippe le Bel en 1306, moment ils durent s'expatrier malgré l'opposition momentanée des seigneurs de cette ville.

Leur exil ne devait être heureusement que de courte durée. Réfugiés pour la plupart soit en Espagne ou en Provence ils n'attendaient qu'un geste devant annoncer le signal du retour. Ce fut le roi Sanche, successeur de Jaime qui en 1319 prit cette initiative. Ce monarque les protégea de toutes façons, aussi bien contre les incursions des Pastoureaux, brigands cévénols, venus pour les persécuter, que contre la rigueur des lois canoniques édictées par les Evêques de Maguelone. Son influence bienveillante fut telle que sous son règne les Chanoines de Maguelone eux mêmes les comprirent dans la faveur qu'ils accordaient aux pauvres qui débarquaient dans leur île. (2)

---

(1) Arch. municipales Grand Chartier Arm. A cass. IV n° 7 quater et Grand Thalamus fol. 47 V° cf. Germain

(2). Arch. départ. Cert. de Maguelone Reg. E fol. 3 cf. Germain.

C'est pour protéger toutes ces prérogatives des atteintes dont elles auraient pu être l'objet que l'on vit se créer à cette époque une nouvelle fonction destinée uniquement à sauvegarder les institutions en faveur des Juifs, le conservateur des privilèges devant veiller à leur observation.

Le conservateur des privilèges a, en outre, une mission plus importante qui le fait assimiler à un magistrat à compétence extraordinaire connaissant de toutes les causes civiles et criminelles auxquelles les Juifs sont intéressés. Ces derniers ont donc joui, à une certaine époque, du privilège de juridiction.

Examen de certains privilèges importants. Libre exercice des professions. — Ils ne peuvent cependant pas être élevés à la dignité de Bayle.

Pour avoir été l'objet de si grandes considérations et avoir motivé tant de dispositions légales, il faut qu'à Montpellier les privilèges des Juifs aient eu une certaine importance.

Leur liberté est en effet complète dans le choix d'une profession. Une seule mais sérieuse restriction est apportée à cette liberté, car ils ne peuvent jamais être choisis comme Bayle, (1) c'est ce que nous indique la loi organique de la commune.

Mecanisme de la Commune à Montpellier: La commune de Montpellier a été, comme nous l'indique Germain, (2) dès son origine un organisme admirablement constitué.

---

(1) Le Bayle à Montpellier, était au Moyen-âge le dépositaire de la Justice. Le ressort dans lequel il exerçait ses prérogatives s'appelait la Baylie. Au contraire le ressort de la partie appartenant à l'Evêque de Maguelone en tant que Seigneur temporel s'appelait la Rectorie. Ces deux ressorts n'étaient pas concentrés dans les murs de la ville ils embrassaient au dehors une portion assez considérable de la campagne environnante. La Baylie s'étendait du pont qui traverse le Merdanson, à l'entrée du chemin de Nîmes et à côté du bureau actuel de l'octroi, au pont dit autrefois des Augustins ou du Saint-Esprit, à cause du couvent et de l'Hopital de ce nom situés l'un et l'autre dans le voisinage, puis se prolongeant le long du cours du Merdanson jusqu'à Sauret, remontant le Lez dans la direction de Montferrier et passant par les Matelles, Celleneuve, Lattes, pour revenir à Montpellier. La ligne d'intersection des deux ressorts dans la ville de Montpellier était celle séparant l'ancien Montpellieret de Montpellier, c'est-à-dire qui va des rues Pyla St-Gély à la vieille Aiguillerie, au Collège à la Monnaie à celle de St Foz à la rue du Gouvernement C'est seulement sous le règne de Henry II et à partir de 1552 que la cour du Bayle et celle du Recteur se confondirent à tout jamais pour ne former qu'une seule juridiction qui prit le nom de Viguerie. Entre le Bayle et le Recteur il y avait cette différence que le Bayle était élu et renouvelé toutes les années alors que le recteur était nommé à vie.

(2) Germain: Histoire de la Commune de Montpellier p. 1

C'est une vraie république seigneuriale sous un chef héréditaire, dans laquelle seigneurs et citoyens ont senti, de bonne heure, le besoin de stipuler des faveurs dans leurs intérets respectifs en leur donnant pour base le droit.

Le seigneur de Montpellier est sans contredit reconnu maître, mais à condition de faire bonne et pleine justice à chacun. Et, en échange de la fidèlité que les Bourgeois reconnaissent lui devoir, ils n'entendent pas être soumis à l'arbitraire, c'est pourquoi, afin d'être plus sûrs du maintien de leur liberté ils lui imposent l'obligation de prendre ses juges parmi eux, mais le seigneur choisit lui-même à son grè, parmi les citoyens qui lui paraissent susceptibles de posséder les meilleures garanties de moralité et de capacité. Il faut pour être juge habiter Montpellier, jouir d'une réputation sans tache enfin plaire au seigneur, mais aussi et surtout, aux habitants de la Ville.

Les Juifs sont éloignés de cette dignité.

Avoir une réputation sans tache, les meilleures garanties de moralité et de capacité, si telles étaient les conditions requises pour exercer cette haute fonction, on peut se demander pour quelles raisons les Juifs n'auraient pas pû y être admis. Cependant une série d'actes législatifs contenus dans maintes dispositions émanant soit des seigneurs, soit même des lois de la commune les en ont toujours éloignés.

La première prohibition se trouve dans un testament de Guilhem V, roi de Majorque, seigneur de Montpellier de 1121 qui défend à ses successeurs d'instituer jamais un Juif pour bayle à Montpellier et dans ses domaines. D'après ce premier document il semble que l'on peut considérer dès cette époque la communauté comme suffisamment importante puisque son influence attire déjà l'attention de Guillaume V et qu'il se croit obligé d'empêcher à ses membres l'accès de cette fonction, ce qui peut être aurait été toléré par les mœurs.

Le baile a dans la commune de Montpellier, une importance capitale qui nous est définie par l'article premier de la Grande Charte de 1204, qui est le statut de cette ville.

Montpellier, nous dit cet article, n'a qu'un seigneur, il régit son peuple et son fief de la façon suivante, il s'applique avec beaucoup de soin à choisir le bayle de Montpellier parmi les gens les plus capables de la dite ville après en avoir conféré avec les prud'hommes. Ce bayle n'est soumis à aucun baile, mais il doit rendre compte au délégué du seigneur. A ce baile de Montpellier doivent obéissance et soumission tous les autres bailes même ceux de Castelnau et de Lattes... Le baile jure de rendre justice suivant la jurisprudence de la cour... (1)

A la seule lecture de cet article, il est aisé de comprendre l'objet de la prohibition contenue dès 1121 dans le testament de Guillaume V. La fonction de baile est après celle du seigneur celle qui est la plus honorifique, le baile est pris parmi les habitants connus de la ville et il doit jurer sur les Saints Evangiles de remplir sa mission avec honneur et conscience et les Juifs tenus par leur religion de prêter le serment «in legem mosaïcam» ne pouvaient remplir cette condition. Mais surtout, la prohibition résulte de ce qu'il aurait été dangereux pour la ville et pour la foi de donner à des Juifs toute l'autorité d'un baile. Ce dernier est à la fois le représentant du seigneur et des bourgeois, il rend la justice dans tout le ressort de la seigneurie, c'est donc un honneur insigne qui ne pouvait être donné aux Juifs, qui à cette époque étaient constamment suspectés.

Telles sont, à priori, les raisons qui ont fait prendre cette mesure si rigoureuse, répétée dans une

(1) Germain Hist. de la Commune de Montpellier p.54 Traduction de Giraud, Charte de Montpellier, Histoire du droit français.

série d'actes, après Guillaume V en 1121, c'est Guillaume VI en 1148 qui dit «Je défends d'instituer un Juif pour baile »; Guillaume VII qui en 1172 prend la même mesure et enfin Guillaume VIII qui en 1202 supplie Guillaume, Evêque de Maguelone «d'excommunier son fils par l'autorité apostolique supposé qu'il n'exécuta pas fidèlement le testament avec défense de mettre aucun Juif pour baile à Montpellier». (1)

Toutes ces dispositions semblent confirmer l'idée que nous émettions plus haut, que l'élément Juif de Montpellier devait être très important, mais, elles prouvent aussi l'antipathie traditionnelle des Chrétiens à leur égard.

Cette même restriction n'eut pas d'exemple hors de Montpellier dans les terres des vicomtes de Béziers ou de Carcassonne.

Roger II leur donnait au contraire des témoignages éclatants de sa bienveillante sympathie. Ayant pris sous sa protection les principaux Juifs de ses terres, il intervenait en faveur des plus célèbres commentateurs du Talmud, Abraham ben David et l'ayant tiré de prison lui donnait asile à Carcasson-

(1) Dom Vaissette T. III p. 118

ne. (1) Il attribuait sous son gouvernement les fonctions de baile à de nombreux Juifs et ces exemples étaient suivis par son fils qui leur accordait même les dignités de baron.

Un exemple de ceci est donné dans une donation de 1203 d'une maison du faubourg Saint-Vincent, par laquelle le vicomte ordonnait à ses bailes, chrétiens ou Juifs d'en faire jouir le monastère. (2)

La bienveillance de ces seigneurs allait au delà de la simple tolérance et si à Montpellier des mesures restrictives furent prises à cet égard cela tient à ce que la population ne se serait peut être pas montrée hostile à les voir s'élever à cette magistrature.

Il ne faudrait pas cependant aller jusqu'à croire qu'ils ont été constamment éloignés des fonctions publiques. De très bonne heure en effet ils furent recherchés pour les charges financières pour lesquelles, leur aptitude aux affaires les rendait précieux. Ils remplirent surtout les offices de traitant et reçurent l'affermage des péages ou les recettes des villes et des seigneuries étant parfois de-

(1) Histoire littéraire de la France XXVII p. 518 cf. Graetz Les Juifs d'Espagne p. 318

(2) Dom Vaissette III 121

mandés pour la perception des revenus des chapitres et des évêques. (1)

Dès le XIIIe siècle en effet nous voyons Guillaume VIII confier au Juif Saltel la perception de ses impôts. (2)

De plus, alors que partout ailleurs ils étaient éloignés des fonctions libérales ou des chaires d'Université, cette prohibition n'a pas trouvé son application dans la ville de Montpellier qui à ce moment possédait déjà une brillante école de Médecine grâce à la science des Rabbins et des médecins Juifs. Il nous est rapporté par Astruc,(3) que les Juifs étaient soumis aux statuts de l'Ecole de Médecine. Jaime 1er défend sous de grandes peines pécuniaires et mêmes corporelles à toutes personnes tant aux chrétiens qu'aux Juifs de s'ingérer dans la pratique de la médecine, qu'ils n'aient été auparavant approuvés par l'Ecole, après les examens ordinaires, et qu'ils n'aient reçu leurs degrès» (4)

Comme les Chrétiens, les Juifs pouvaient donc

(1) Dom Vaissette t.V col 1248

(2) Mémorial des Nobles fol. 107 cf. Revue des Etudes Juives T. XVIII.

(3) Astruc. Histoire de la faculté de Médecine de Montpelier p.19 et 20

(4) Astruc. Histoire de la faculté de Médecine de Montpellier p. 166.

pratiquer la médecine ils étaient tenus par le droit commun à subir les examens réglementaires.

Le même auteur nous fait connaitre qu'un Juif nommé Profatius était classé vers 1300 parmi les professeurs régents de l'Ecole de Montpellier.

Cette date est donc postérieure à l'époque ou le Cardinal Conrad lança sa bulle, qui n'accordait le droit d'enseigner la médecine qu'aux docteurs qui avaient reçu de l'èvêque de Maguelone la licence d'enseigner et de pratiquer. On conçoit dès lors peu une autorisation d'enseigner accordée par l'évêque à un Juif, il semble que c'eut été assez peu en harmonie avec les prescriptions des conciles. Cet exemple est avec beaucoup d'autres une preuve que les seigneurs de Montpellier s'élevaient au-dessus des usurpations de l'autorité ecclésiastique.

Ce privilège, résultant de cet esprit de bienveillance, en faveur de l'enseignement à Montpellier était à cette époque déjà ancien. Dès l'année 1180, avait paru un règlement de Guillaume, fils de Mathilde, donnant la liberté d'enseigner à tous ceux qui en seraient capables, de quelque qualité et de quelque pays qu'ils fussent. Ce règlement devait ouvrir la porte aux médecins Juifs, comme à tous les autres. Aussi, lorsque plus tard on exige que les professeurs n'enseignent qu'après avoir été reçus docteurs on n'exclut nullement les Juifs de prendre leurs grades. Le fait de Profatius d'enseigner à Montpellier en 1300, prouve que les lettres patentes de Jacques II roi d'Aragon de l'an 1281 défendant aux chrétiens et aux Juifs de pratiquer et d'enseigner avant d'avoir pris leurs diplômes, n'interdisaient pas à ces derniers l'accès de la Faculté.

Sous les rois de France les Universitaires israelites de Montpellier ont ils joui des mêmes faveurs? Il est permis d'en douter car les expulsions édictées contre eux furent observées et les frappèrent là comme ailleurs.

Alors que dans la plupart des villes on leur interdisait toutes les professions ne leur abandonnant que le droit d'exercer celles qui pouvaient paraitre indignes aux chrétiens, ils peuvent ici pratiquer celle qui leur plaira. Nous lisons à ce propos, dans une ordonnance du roi Jean datant du mois de Mars 1360 en son article 9 «Donnons permission aux Juifs d'exercer leurs métiers de courraterie et autres œuvres et arts spéculatives pratiques et mécaniques ou autres quelconque, si comme ils sont accoutumés de ce faire».

Une fois parconséquent qu'ils avaient porté leur domicile dans la ville moyennant le droit de péage qui était perçu sur eux à leur entrée ils pouvaient trafiquer, faire le commerce qui leur plaisait, mais leur choix entraîné par leurs préférences s'est toujours porté vers le commerce de l'argent, vers l'usure.

L'usure

La profession d'usurier était interdite aux chrétiens par les pères de l'Eglise et le droit canon; on fondait cette prohibition sur divers passages du Pentateuque et de l'Evangile (1) qui recommandent comme un devoir de conscience de se prêter de l'argent entre frères sans en attendre aucun bénéfice. Ce précepte pris à la lettre excluait tout Chrétien du commerce et le prêt à intéret était sanctionné sévèrement.

Pour tourner la prohibition il était facile de trouver un expédient dans les Juifs, et, non seulement on leur accorda la faculté de faire le commerce, mais on les y obligea souvent en leur bouchant toutes les autres professions(2) — Voilà pourquoi, dit Isidore Loeb (3) «Le Juif devint au moyen âge le grand et presque l'unique prêteur d'argent, le banquier officiellement reconnu par la loi religieuse

(1) Lévitique XXV, 37; Deuteronome XXII, 21; Evangile de St Luc VI, 35

(2) Græetz: Les Juifs d'Europe p. 150.

(3) Loeb: Les Juifs en Europe p. 85

et la loi civile. Sa banque est une sorte d'institution officielle avec laquelle il remplit une des fonctions importantes de l'Etat. »

C'est pour cela que dans la plupart des pays on les appela et on ne les admit qu'à la condition de fonder des banques publiques avec des capitaux toujours disponibles. Souvent encore, le banquier Juif ne fut qu'un prête nom de commerçant chrétien ou même de grands seigneurs, qui évitaient, grâce à lui, les foudres de l'Eglise tout en s'enrichissant par un négoce lucratif.

Pour ces raisons, les Juifs obtinrent partout où ils furent établis comme banquiers des privilèges importants leur permettant d'avancer de l'argent à un intérêt si élevé que nous en sommes étonnés aujourd'hui.

Un document, conservé parmi nos actes publics nous indique qu'à Montpellier, bien qu'il leur soit défendu de préter aucune somme à intéret par écrit ou autrement, à tout chrétien âgé de moins de vingt ans, à l'insu et sans l'exprès consentement de ses parents et annulant tout contrat qui aurait eu lieu contrairement à cette défense, (1) nous fait savoir que leurs privilèges leur permettaient de préter

(1) Grand Thalamus fol. 50; Gariel Ser. Praes 1, 43 cf. Germain T. III p.253

à intéret et a un taux relativement élevé, atteignant parfois quarante et même cinquante pour cent. Les emprunteurs étaient encore trop heureux, quand, à l'échéance la somme à restituer n'avait pas doublé. Il parait que caurait été à la suite d'excès trop criants qu'une série de prohibitions furent édictées en vue de réprimer les abus,(1) et Jaime I dans une Assemblée générale tenue à Barcelone prit l'engagement d'intervenir afin de défendre a quiconque de préter a plus de vingt pour cent.(2)

Malgrè ces prohibitions les emprunteurs chrétiens étaient tenus de la totalité de leur dette et intérèts quand ils avaient été reconnus sous la foi du ser-

(1) Germain op. cit. T. III p. 254 «Consules ville nostre Montispessulani nobis exponi fecerunt cum querela quod, cum Judei in regno nostre existentes, specialiter in senescallia Bellicadri, exercentes usurariam pravitatem, modum excedunt in exigenda usutaria pravitate sic et taliter, quod infra annum usura excedit sortem, propter quod sudditi regni nostri depauperantur et depauperati sunt adeo et in tantum, quod, mole usurarum oppressi, coguntur, in Christianitatis opprobrium mendicare...»

Lettres du roi Jean, de 1363, ap. Arch. municipales, Arm. D Cass XX.

(2) Germain op. cit. note T. III p. 254 « Statimus quod »Judaei terræ non recipiant pro usuris nisi viginti solidos »pro centena in anno, et secundum hanc formam fiat »computatio ad minus tempus vel majus, et ad quantita»tem majorem vel minorem.»

ment, et à ce sujet de nombreuses plaintes furent adressées au roi Philippe le long et au roi Jean par les consuls de Montpellier où ils reprochaient la rigueur des usuriers Juifs, qui ne se faisaient pas un scrupule d'abuser de leur richesse en prétant à des intérets illicites et de jeter leurs débiteurs ruinés en prison où ils mourraient. (1)

---

(1) Germain opus. cit T. III p. 253, note. «Ex gravi quere- »la consulum Montis pessulani, sicut aliter, didicimus quod Judei et alii notorii usurarii tot et tam magnas usuras in illis partibus exercent, quod adeo fraudulentos contractus ineunt cum illis contrahunt, quod infra breve tempus contrahentium cum eisdem omnino exhauriant facultates, ac postmodum virtute contractuum hujusmodi eosdem faciunt incarceribus detineri, ... quousque ibidem diem claudunt extrémum...» Lettres de Philippe le long de 1319 ap. Arch. municipales Arm. D cass. XX, n° 8 — Nous devons aussi faire connaître un règlement tombé en désuétude, sur lequel les Juifs ou autres usuriers qui n'avaient pas bonne presse devant les tribunaux s'appuyaient pour se comporter vis-à-vis de leurs débiteurs comme ils le faisaient, c'est d'ailleurs contre lui que les plaintes amères des consuls à Philippe le long étaient portées: «Quant alcuns homs non poyra pagar sos deutes, »que tengua hostages en la court, ins el coselh per dos »mezes en pan et en ayga; e denfra a questz dos mezes »sian vendut sien bens; e puyes sia rendut als crezedors, et aion plen poder qu'el meton en preyzon; e non pues- »con esser delivers per nulle cessamen que fasson de lur »bens; e por li crezedors l'auran en lur poder, non sion »tengastz de donar mais alongar, ses cosselh e ses volon- »tat dels crezedors.» Pet. Thalamus p. 132 - - 133 cit. par Germain Histoire du Commerce de Montpellier p. 128

Outre ces importants privilèges et sans nous arrêter à une multitude d'autres bien moindre, les Juifs étaient souvent dispensés de payer les taxes édictées contre eux, au grand désespoir des consuls et de l'Evèque. Ils pouvaient encore posséder à titre de propriétaire direct des biens fonds et contracter comme pouvaient le faire un Chrétien. Dans l'exercice de ces facultés le roi Jaime Ier défendit de les molester; enfin comme il y avait lieu de craindre la partialité des juridictions ordinaires, ne durent-ils pas arriver à l'apogée de leurs espérances quand on créa pour veiller au maintien de toutes leurs prérogatives un juge choisi par leur communauté devant lequel devaient être portées toutes les causes où ils étaient intéressés!

CHAPITRE III

LES JUIFS ET LES CONTRATS

GÉNÉRALITÉS

Après la guerre des Albigeois, les Juifs ont sensiblement continué à bénéficier dans une certaine mesure de l'esprit de tolérance que les mœurs leur avaient ménagé dans les siècles antérieurs. Les demandes répétées en vue d'obtenir contre eux des mesures restrictives efficaces par les autorités laïques et à Montpellier en particulier par les consuls montrent assez qu'il leur était facile de se soustraire aux rigueurs prises contre eux, et il va sans dire que si les dirigeants s'émeuvaient de leurs trop larges libertés ils trouvaient de la part des populations au milieu desquelles ils vivaient une sorte de complicité tacite. On retrouve dans l'attitude des seigneurs locaux eux-mêmes, un vieil esprit de tolérance que nous n'avons jamais cessé de remarquer dans l'étude de leur situation à Montpellier.

§ 1

Les Juifs contractent dans la forme romaine du serment.

Cette humanité, ce vieil esprit de tolérance, se retrouvent à un degré encore plus élevé dans les contrats où ils furent admis à l'instar des chrétiens. Ici aucune restriction, et si, parfois dans la forme du contrat, dans l'énonciation des qualités des parties nous trouvons que l'une d'elles est «Juive» ce n'est certainement pas pour l'étiqueter mais bien au contraire, soit pour renoncer dans son intéret, expressement aux restrictions du droit canon sur l'incapacité des Israélites ou pour modifier certaines formules dont leur état de non Chrétien ne pouvait permettre l'emploi, la formule du serment par exemple.

Dans leurs rapports entre eux, les Juifs, pour tout ce qui touchait au Droit des personnes ou au Droit Religieux n'étaient justiciables que du droit contenu dans la loi Mosaïque et étaient de ce fait soumis aux juridictions de leurs pontifes.

Quant aux actes passés avec les chrétiens et pour leurs droits externes ils étaient soumis à la loi romaine et étaient justiciables des tribunaux de droit commun.

Il n'est cependant pas rare de trouver pour des actes relatifs a des contrats entre Juifs, l'emploi de caractères hébraïques et nous avons vu dans maints procès ces actes présentés devant les juridictions ordinaires comme preuves, même dans des contestations entre chrétiens.

De même pour tous les actes interessant la condition des femmes, où elles sont tenues d'intervenir afin de renoncer à leurs privilèges dotaux ou à leurs reprises, nous pouvons constater qu'elles s'engagent suivant les règles du titre «De Jure Dotium» et généralement assistées de leur mari (1)

I° *Le Serment.*— La différence la plus sensible constatée dans les rapports de Juifs et Chrétiens devait sans doute porter sur la forme solennelle à donner au contrat, dans le serment. Tantôt, nous les voyons s'engager simplement «bona fide, sine dolo, sine omni dolo» évitant de donner a leur engagement un caractère religieux. (2) D'autrefois, soit que l'on considère le contrat comme étant plus important, soit que dans un esprit de méfiance on

---

(1) *Saige.* Les Juifs du Languedoc, pièces justificatives n° XXVI page 164 ... Hoc fuit factum consilio et assensu Gracie judee uxoris dicti David judei et Miracle judee uxoris dicti Boni Mancipii...
et P. J XXVIII p. 168 Hæc venditio fuit facta consilio et voluntate Montanerie uxoris predictii Beliti...
Revue des Etudes Juives T. XXII n° 44 p. 276, pièces justificatives n° VII... Ego, Ysac, Judeus, filius quondam Vinas de Latis, et ego, Flors, ejus uxor, ambo simul (Régistre des notaires de la ville de 1293 fol. 49 2°)
Idem... Ego, Jusse de Bolena, Judeus, et ego, Astruga ejus uxor... (Régistre des notaires de la ville de 1293 fol.22 V°)
(2) Revue des Etudes Juives T. XXII n° 44.

veuille contraindre la partie adverse à s'engager religieusement et donner ainsi plus de poids à la convention nous voyons la partie juive contracter sur la loi de Moïse «Sacra lege Mosaïca» ou«super illam legem quod Deus dedit Moysi in monte Sinaï» souvent encore «nostra bona fide promittimus et sancta lege Moysi» (1)

Ces dernières formes du serment devaient être toujours exigées après le concile de Montpellier en 1258 où il fut décidé que «Nul contrat juif ne serait valable s'il n'avait été fait sous la foi du serment» et dès cette époque tout Israelite dût s'il voulut faire acte efficace, jurer sur le livre sacré comme tout chrétien sur les Evangiles que les clauses stipulées ne contenaient rien d'illicite, ni usure, ni fraude et des instructions furent données aux notaires de ne recevoir aucun contrat qui n'eut été soumis à ces exigences.

Ce serment d'après l'art 121 de la Charte d'Alais de 1200 a été semble-t-il le même dans tout le midi de la France et si les contractants israëlites ne le prétaient pas dans toutes les occasions il nous parait certain que dans n'importe quelle ville du

(2) Revue des Etudes Juives T. XXII n° 46 p. 267 et Teulet, Layettes du Trésor des Chartes t. II p. 511

Languedoc il était prêté dans la même forme. (1)

2°.— *Garanties Instrumentaires.*

Le contrat du moyen âge, surtout celui où intervient le Juif, ne consiste pas seulement en la manifestation de la part des contractants de leurs désirs réciproques mais dans toute une série de garanties instrumentaires semblant nous faire croîre combien peu de confiance les parties avaient les unes envers les autres.

C'est l'obligation de s'engager «sub nostri et bonorum nostrum obligatione, dare et solvere tibi recipienti»... ou bien «tibi recipiendi dare solvere ad tuam omnimodam voluntatem» (2)

Et ces garanties ne devaient pas être grand chose a coté de ce que l'on exigeait parfois du Juif qui en cas de parjure se vouait «a la fièvre quotidienne, à la fièvre quarte, à la perte de la vue, à l'angoisse de l'âme, à la perte de son gain au profit de ses rivaux, à la colère de Dieu à la défaillance, à la capitulation devant son ennemi, à la fuite éper-

---

(1) Petit Thalumus Livre des serments art 16 p. 68: Sacramentale Judeorum fiat de cetero sicut in sacramentali antiquo continetur, et interrogatio et responsio fiat sicut in eo continetur.»

(2) Revue des Etudes Juives de Montpellier T. XIX n° 38 p. 277

due.» Toutes ces imprécations étaient demandées et prononcées, par le Chrétien et à la suite de chacune la partie Juive répondait «amen». (1)

3°.— *Les Témoins.*

C'est en outre l'obligation de mentionner au bas de l'acte une longue liste de témoins paraissant n'intervenir que pour assurer une meilleure exécution du contrat, comme les gardiens vigilants des accords réciproques qui apporteront en cas de contestation la preuve irréfragable de la volonté des parties au moment ou leur ministère a été demandé.

Les témoins instrumentaires sont généralement nombreux. Alors même qu'ils soient israélites, ils signent le plus souvent en latin, quelquefois on se borne à mentionner leur présence en les énumérant Ainsi dans une vente faite à Montpellier par Bondia, fils de Vital d'Aubenas, à Bonanasc de Lodève de ses créances sur Bernard de Chazeaux et d'autres débiteurs, sont mentionnés les témoins Gus de Succo, Gus de Sancto Cyricio, John de Sancto Symeone; (2) dans une quittance délivrée par Salomon Bon Senho, en son propre nom et au nom de Thoron de Marna, Juif de Montpellier à Pierre Roqu

---

(1) Regné, Les Juifs de Narbonne, p. 149.

(2) Revue des Etudes Juives T XXIII n° 46 page 269

de St André de Crugères (Gard) nous trouvons au bas de l'acte une formule intéressante qui nous indique que les témoins présents ont été spécialement appelés et interrogés, et que nous ne croyons pas inutile de mentionner.— «Acta fuerunt», nous indique ce contrat— hæc apud pontem Tarancii et ante hospiciunm Guilermi Ribayroli, hostalerii dicti pontis testibus presentibus ad hæc vocatis specialiter et rogatis, nobili Bernardo de Chorrossio, condomino dicti castri de Tarancio, pro uxore, Guirondo Leussati de Sancto Ambrosio, Stephano, domino de Rippacuta, Petro Portalis, fabro dicti pontis et me Petro de Usacio, clerico publico notario. etc.... (1)

Outre le serment et les témoins, comme autre garantie instrumentaire il n'est pas rare de trouver souvent, au bas de certains actes des souscriptions hébraïques apposées par la partie israelite dans l'intention de se ménager le plus d'authenticité possible et destinées aussi à se prémunir contre les faussaires. Les archives et les pièces justificatives publiées jusqu'à ce jour nous donnent de nombreux témoignages de l'existence de ces sous-

(1) Revue des Etudes Juives T. XIX n° 38 p. 281

criptions. Ainsi en 1231 Salomon de Melgueil, Juif de Narbonne, fils d'Astruc, vend avec le lod de Berenger de Boutenac, seigneur dominant, qui reçoit son droit d'arrière acapte d'un champ acheté par un personnage nommé Raymond de Saint Gilles pour le prix detrente sous melgoriens; parmi les témoins présents dans l'acte figurent deux Juifs de Narbonne appelés Bonet de Cacris et Abraham fils de David de Montpellier.

Salomon et les deux témoins ont souscrit cette pièce en caractères hébraïques et ces souscriptions font connaître les noms hébreux d'Astruc père de Salomon et de Bonet de Cacris. (1)

Un créancier gagiste Bondia de Surgères (Levi ben Moïse) appose aussi sa paraphe hébraïque le 23 décembre 1252 à la suite d'une vente d'un champ qu'il détenait en garantie d'un prix de cent trente cinq sous melgoriens. (2)

Ces souscriptions en hébreux écrites soit par les auteurs de l'acte, les témoins ou les intéressés sont à n'en point douter de véritables autographes, mais il arrive le plus souvent comme nous l'avons déjà mentionné que nous nous trouvions en présence

(1) Saige Les Juifs du Languedoc pp. 73 et 167 -- Regné Les Juifs de Narbonne p. 151
(2) Saige Les Juifs du Languedoc p. 74 et 192.

de simples signatures écrites en latin, qui parfois ne diffèrent pas des caractères écrits dans l'acte lui-même ce qui nous fait conclure qu'elles ont été mentionnées par la main même du scribe qui a fait le contrat. En voici un exemple, Samuel Den Asser, Juif de Perpignan passe avec Bonet, Juif, fils de Davin d'Avignon un contrat de commande le 12 février 1294, pour la valeur de 200 livres melgoriens, fournies par Samuel Den Asser, dont 100 livres sont dues par ce dernier à Bonet. Mossé, le frère de Samuel, Juif, s'engageant à la place de celui-ci n'appose pas au bas de l'acte sa signature, mais le notaire se borne à mentionner: Pro quibus universis et singulis ego, Mosse Asser, Judeus, frater dicti Samielis, constituto me pro dicto Samiele, fratre meo, tibi, dicto Boneto, fidejussorem, debitorem et reum in solidum principalem, sub obligatione bonorum meorum, et promito per fidem...

Testes sunt: Cresças den Mascip, Judeus Stephanus de la Cesta, fusterius. Augerius de Amiliano, clertor, et ego...» (1)

Désignation de la partie Juive: Dans les actes où nous trouvons une partie juive, les notaires ont gé-

---

(1) Revue des Etudes Juives T. XXII n° 44, Arch. munic. registre des notaires de 1293, fol. 76 V°

néralement l'habitude de faire suivre le nom de cette partie de l'épithète de « *Juif* ». Cependant lisons-nous dans Régné qu'au Xe, XIe, XIIe, siècles on ne rencontre pas ce qualificatif, mais celui d'«*Hébreux*», ou celui d'« *Israëlite* ».(1) Il arrive parfois que le notaire ne fasse suivre le nom du Juif d'aucune mention, ainsi dans un compromis entre Salomon de Beaucaire et Salamias de Lunel, au sujet du mariage de Salamias et de Bona Hora, fille de Salomon, nous trouvons en tête de l'acte l'énonciation des parties contractantes. «Notum sit quod, Salomon de Bellicadro, ex una parte, habitator Arrelathis, et Salamias de Lunello, de Montepessulano, ex altera,... alors qu'ordinairement nous avons... Salomon de Bellicadro, Judeus (2) etc...

Dans presque tous les actes, cependant, il est courant de rencontrer l' épithète de Juif, comme

---

(1) Regné Les Juifs de Narbonne 126; Saige P J n° III ...« Abraham, Israëlite...»

(2) Revue des Etudes Juives T. XXIII p. 270, Arch. munic. de Montpellier, régistre des notaires de la ville de 1293, pièces annexes, — Saige, Les Juifs du Languedoc p. 129... »Samuel et ad fratres suos Molsen et Isaacum et Levi filios Abraham, emptores, Pièces justificatives n° II et III: «... in mano de Bonojucef... in manso de Maïr Crasso...»; n° IV..: «Ego Bonisacus, salnerius, et uxor mea Mairona et filie mee Regina ac Bonamancipa...»; n° V... «super clarimoscium et Bondiam........» etc

par exemple «Astruga, Judea, et Salomon de Lunello et Bonmascip de Narbona Judei...» (1)

L'étude de l'anomastique des Juifs trouvés dans les contrats, nous permet, dans la plupart des cas, d'établir la filiation de ces derniers, il n'est pas rare, en effet, de voir à côté du nom du fils qui est partie à l'acte, celui du père et quelquefois de la mère. La filiation est d'abord indiquée par l'attribut «filius», suivi de l'ascendant immédiat au génitif ainsi. Bon Senhor, filius Ysac de Avinione, Judeus; Johannes Vitalis, filius Hugonis Vitalis...(2) Cependant on trouve aussi le nom du contractant juif, suivi de celui de l'ascendant sans indiquer le rapport de parenté, le nom de ce dernier étant simplement au «génitif.» (3)

Souvent, encore, le nom qui suit est non pas celui de l'ascendant mais un sobriquet par exemple, Durantus de Nemauso. Crassus... D'autrefois nous pouvons connaître en outre la qualité à raison de laquelle une personne intervient à l'acte ainsi, Jaco de Noserena, Judeus,, stipule pour lui et pour

(1) Revue des Etures Juives T XXIII, n° 46 p. 265

(2) Revue des Etudes Juives T. XXIII, n° 46 p. 277

(3) Revue des Etudes Juives T. XXII n° 44 p. 278... Johannes Tibaudi...

Vinas, son frère (1); Bondia, fils de feu Vital d'Aubenas, âgé de 20 ans seulement et assisté de son « *curateur* » (2)

La qualification est aussi intéressante puisqu'elle nous fait connaître le métier du contractant ou sa profession, P. de Manhania, «campsor», stipule pour lui d'une part et Crescas de Piniano, Judeus, d'autre part (3); Jacob Domigol, mercier, à Montpellier loue à Bonmascip de Narbonne et Astrugue sa femme, sa maison sise à Montpellier. (4)

Il arrive dans les contrats que les noms des parties israélites soient écrits en différents dialectes, soit en latin, en hébreux ou bien encore en provençal, et cela suivant l'idée exprimée plus haut, dans le but unique de se réserver le plus de garanties possibles, ainsi, «Abraham, fils de David de Montpellier» est l'équivalent de Abraham ben rabbi David, «ben» indiquant nous dit Régné, une relation de

(1) Revue des Etudes Juives T. XXII n° 44 p. 277.

(2) Revue des Etudes Juives T. XXXIII n° 46 p. 269

(3) Revue des Etudes Juives T. XXXIII p. 271... Item, P. de Manhania, campsor, pro se, ex una parte, et Crescas de Piniano Judeus, ex altera... (Arch. munic. de Montpellier, registres des notaires de la ville de 1293, pièces annexes)

(4) Revue des Etudes Juives T. XXXIII n° 46 p. 266... «Ego, Jacobus Domigol, mercerius, per me et meos locco.» idem T XXII n° 44 p. 273 Pontius de Lunello, blanquerius..

descendance ce qui a son utilité quand on se propose d'étudier les grandes familles juives (1).

Il est curieux de remarquer que dans de très nombreux cas le nom juif est suivi du lieu d'origine du fondateur de la famille. Ce lieu d'origine est ensuite passé à la descendance qui continue à le porter et parfois on commet l'erreur de croire que lorsqu'un nom propre juif est suivi d'un nom de pays, ce Juif est habitant de ce pays. Ainsi de nombreuses familles Juives dont les ancêtres ont habité Montpellier étant allées, à la suite de persécutions ou volontairement s'établir à Béziers ou à Narbonne n'en continuent pas moins à se faire appeler... «de Montpellier», conservant le nom de la ville où leur ancêtre a vécu, nous pouvons citer maints exemples, en voici un: le 11e jour des Kalendes de novembre Ermenjardis de Conches, femme de maître Hugon Richard de Montpellier, habitant à Lunel contracte avec Jusse, fils de Durand de Lunel par devant notaire à Montpellier. (2) A notre avis, il serait téméraire de considérer comme originaire d'un lieu tout Juif qui ferait suivre son nom de celui de ce lieu. Cela peut quelquefois ar-

(1) Regné, Les Juifs de Narbonne p. 158

(2) Revue des Etudes Juives T. XXII n° 44 p. 273

river, mais plus on avance dans le temps, plus cela doit être inexact. Enfin, le nom dont nous venons de parler peut ne pas être seulement celui d'une ville, mais d'un quartier ou d'une province.

Transformation du nom Juif: Par une sorte de transformation étrange, le nom de famille Juif est d'autrefois, la modification de ce qui n'a été tout d'abord qu'un sobriquet. Ce sobriquet a été ou bien attribué à celui qui le porte et dans ce cas il suit généralement le nom patronymique, ou bien il a été donné antérieurement à un ancêtre et s'est peu à peu transformé en un nom patronymique véritable.

Tantot ce sobriquet nous permet de présumer que l'intéressé ou quelqu'un de sa famille a exercé tel ou tel métier, ainsi nous relevons dans le régistre des délibérations du conseil de la ville de Montpellier en 1923: Davinus «Tinctorius» «Saunier» Bonisaac «Masselier» Aaron, etc.. (1)

Tantôt c'est une épithéte désobligeante soit à l'égard du porteur ou d'un de ses ancêtres, qui lui est passée avec son héritage, comme le nom de

---

(1) Revue des Etudes Juives T. XXII n° 44 p. 272 Arch. munic. de Montpellie Grand Thalamus fol. 24 V° et suiv.

Barbas, (Barbu) filius quondam Mascipi de Aquis; Sécal (maigre); Négrel (noir); Bardel (Bardot)etc.(1) tantôt ce surnom n'implique pas une idée désobligeante ou désavantageuse mais au contraire, nous permet de connaître le rang, parfois élevé que celui qui le porte occupe dans la société de la ville qu'il habite, il en est ainsi du nom Borzès (2) (Bourgeois). Il peut indiquer enfin, une idée aimable quand il est caractérisé par l'adjectif « bon », nous avons d'innombrables exemples de cette transformation, Bonysac, filius Vitalis de Montepessulano; Bonetus, filius quondam Avinione; Bonfils; Bonafos Bonadomina Boninzas (3) etc... Mais, c'est surtout chez les dames et en particulier chez les jeunes filles que le surnom est l'expression de traits de galanterie, telle se nomme Claire, telle autre Resplendissante, Lune ou Etoile. Epithètes dont nous ne devons pas être trop surpris si nous nous rappelons que cette époque était celle où les belles dames voyaient leur beauté chantée en termes romanesques par les galants troubadours. (1)

---

(1) Revue des Etudes Juives XXII n° 44 p. 272

(2) Regné, Les Juifs de Narbonne p. 159

(3) Revue des Etudes Juives opus. cit.

(4) Regné Les Juifs de Narbonne p. 159 note 9: Clara, Dossa, Regina, Sasarena Resplandina, Luna, Lestella.

Des personnes qui, outre les parties, interviennent au contrat. —

La femme juive, que nous avons vu venir au contrat, soit comme auteur principal, soit simplement pour renoncer à ses reprises en faveur du créancier de son mari, le Juif, soit quand il s'engage, soit simplement quand il vient à l'acte comme témoin, ne sont pas les seuls à intervenir généralement. Il est fréquent, et ce, pour une raison que nous allons émettre, de les voir être suivis de toute leur famille, enfants, beau-frère, beau-père, frères ou sœurs. Parfois tous sont énumérés, et si quelqu'un pour une raison ou pour une autre est défaillant, celui ou ceux qui sont présents s'engagent à sa place, se portent fort qu'il ratifiera, ainsi nous voyons: «Ego, Jacobus Domigol, mercerius, Judeus, per me et meos, loco et ex causa locationis concedo tibi...» (1) Ici Domigol, intervient seul, mais au nom de tous, cependant les exemples sont nombreux où nous les voyons intervenir tous à la fois. (2)

Il ne faudrait pas croire que cette intervention de tous les membres de la famille dans le contrat,

---

(1) Revue des Etudes Juives T. XXIII n° 46. Arch. munic. de Montpellier, registre des notaires de la ville de 1293, pièces annexes.

(2) Revue des Etudes Juives T. XXIII n° 46 p. 268 idem.

soit une particularité des modes de contracter juifs, c'est aussi la généralité des formes des actes où interviennent les Chrétiens et nous pouvons en conclure que c'est une des particularités des modes contractuels de cette époque. Cela nous permet de rapporter la preuve du caractère de la propriété médiévale qui, sortie du régime collectif et avant d'arriver à être individuelle, comme elle l'est aujourd'hui, se trouvait à cette époque familiale par excellence.

§ II. — Leur Authenticité

Avant d'en terminer avec ce sujet, nous devons faire une dernière remarque sur la forme des contrats. Nous constatons, en effet, que tous ont été passés devant notaire, ce qui est d'ailleurs une des causes qui nous a permis d'en connaître quelques-uns. Le notaire est, au Moyen-âge, un scribe officiel, dans tous les actes, comme cela se passe encore aujourd'hui, il est mentionné après l'énumération des divers intéressés et la mention de son nom est toujours suivie de celle de son titre, ainsi ...« in quodam publico instrumento, recepto per magistratum Petrum Adhémarii, notarium regium dicti loci Alesti...» ; (1) ...« in quodam publico ins-

(1) Revue des Etudes Juives T. XIX n° 38 p. 279

trumento recepto per magistratum Johannem Ferririi, notarium publicum de Sancto Ambrosio... (1) ; ...«in quodam publico instrumento sumpto per magistrum Gregorium Raimondi notarium Alesti...» Ces formalités, tout en donnant à l'acte un caractère d'authencité certain, étaient exigées, car à l'occasion de chaque contrat il devait être prélevé des honoraires dont l'importance variait avec celle du contrat lui-même.

Le contrat du Moyen-âge, nous étonne enfin par le souci qu'ont les parties en cause de stipuler d'une façon aussi claire que possible les accords réciproques, afin, sans doute, d'éviter toute contestation dans l'interprêtation des termes employés, et à ce propos, il n'est pas rare de voir dans un même acte l'obligation imposée au débiteur être rappelée de nombreuses fois.(2)

---

(1) Revue des Etudes Juives T. XIX n° 38 p. 279

(2) Revue des Etudes Juives T. XXIII n° 46 p. 267

CHAPITRE IV

Des Juridictions qui connaissent des causes juives et procédure à suivre en matière criminelle quand le délinquant est israélite.

§ I

Des juridictions qui connaissent des causes juives. —

Le Tribunal qui connaissait des causes intéressant les Juifs, était semble-t il, le tribunal de droit commun, la Cour du Bayle. Plusieurs textes militent en ce sens. Nous possédons d'abord un texte d'ordre très général, contenu dans la grande charte de Montpellier de 1204, dont nous avons déjà parlé. L'article 10 de cet acte dispose: «Les renouviers ou usuriers, qui prêtent deniers pour deniers, ne sont pas reçus en témoignage» (1) Ce texte vise certainement les Israélites. Pour des raisons que nous avons déjà mentionnées, seuls, ces derniers pouvaient exercer et pratiquer le commerce de l'argent, donc seuls, ils pouvaient être ici visés. C'est pourquoi, par «a contrario» nous pouvons conclure que, si les prêteurs à intérêts quand ils viennent à ce titre devant la cour du Bayle, soit

(1) Germain Hist. de la commune de Montpellier p. 65 T I

pour faire confirmer une créance, soit pour la faire payer ne peuvent ni se présenter, ni témoigner, quand ils viennent à tout autre titre, ils sont soumis au droit commun.

Avec un texte aussi général que celui que nous venons d'invoquer, il est difficile et même osé de tirer une conclusion aussi grosse de conséquences. L'article 10 de la charte de 1204 ne fait, en effet aucune allusion directe aux Juifs et nous pourrions nous attirer de nombreuses critiques, si pour étayer notre système nous n'alléguions certains actes où ils sont visés directement.

§ II

Ordonnance de Jaime 1er sur la procédure criminelle. —

Nous avons, datant du 1er février 1267, en effet, une ordonnance de Jaime I. roi d'Aragon, prescrivant d'une façon nette la marche à suivre désormais lorsqu'il y aura lieu à poursuites criminelles contre un Juif. (1)— Il n'est pas indifférent de connaître pour quelles raisons ce seigneur a jugé bon d'intervenir pour prendre leur défense. — Après le concile de Montpellier, en 1258, des mesures restrictives furent prises en vue de restreindre

(1) Revue des Etudes Juives T. XVIII p. 270 — Publié dans nos pièces justificatives n° VII

les usures et d'empêcher les créanciers exigeants, surtout les Juifs, d'user de leurs droits et d'envoyer les débiteurs insolvables en prison. Jaime I, qui nous l'avons vu, n'avait jamais eu jusqu'alors à l'égard des Juifs que des mesures bienveillantes, cédant aux plaintes des débiteurs de mauvaise foi ou ruinés, consacra les dispositions du concile, et ordonna que dorénavent les Juifs, en faisant leurs contrats, jurent sur la Mosaïque, comme les Chrétiens sur les Evangiles qu'ils ne se sont livrés à aucune fraude ni usure.

Les Consuls de Montpellier, forts du décret du concile, donnèrent alors libre cours à leur antipathie contre les Juifs. Et les plaintes les plus mensongères leur servirent de prétexte pour les poursuivre avec la dernière rigueur, Jaime I, dût rémédier à cet abus par l'ordonnance à laquelle nous avons fait allusion, qui établissait définitivement le statut de la procédure à suivre dans la poursuite d'un Juif.

Dispositif. —

Désormais donc, nul Juif ne pouvait plus être condamné ou maltraité que s'il n'avait été ouvert contre lui une information minutieuse en vue d'établir sa culpabilité d'une façon certaine.

Avant le prononcé du jugement contre lui, le

Bayle devait lui accorder un délai franc de quatre jours pendant lesquels il pouvait, s'il le jugeait à propos se concerter avec les hommes versés dans la science du droit. Le Bayle, assisté de deux jurisconsultes expérimentés, ne pouvait infliger la question, ni rendre l'arrêt qu'après avoir pris connaissance des arguments allégués pour sa défense par le Juif et son avocat. Toute information faite contre un Juif par toute autre personne que le Bayle devait être de nul effet.

Nulle information, non précédée d'une accusation ou d'une dénonciation, sur laquelle l'auteur n'aurait pas inscrit son nom en tête ne serait faite ni ne pourrait être faite contre un Juif, sans qu'elle soit frappée de nullité, s'il était passé outre. Après l'accomplissement de ces formalités, les accusateurs et dénonciateurs seraient tenus de présenter au Bayle deux garants bons et solvables pouvant répondre le cas échéant de l'issue du procès. A défaut de preuves, l'accusateur serait puni de la peine du talion et le dénonciateur d'une forte amende.

Le Juif poursuivi devait, en outre, avoir entre les mains la copie de l'acte d'accusation ou de dénonciation et pouvait conférer avec des hommes expérimentés s'il le jugeait convenable.

Enfin, nul Juif ne pouvait être maintenu en prison s'il versait une caution suffisante, sauf le cas où il devait encourir la peine capitale.

Donc, après l'ouverture d' une information et avant tout jugement et même toute exécution, le Juif dont dès à présent on protégeait l'individualité, avait quatre jours pour préparer sa défense et délibérer avec ses avocats. Le dossier devait alors lui être communiqué publiquement, et, par les soins du Bayle être également transmis aux juristes les plus éminents de la ville, ce n'était qu'après ce délai quand l'accusation d'une part, la défense de l'autre, auraient été entendues que le Bayle pouvait ordonner après qu'il en aura été légalement requis, dirions-nous aujourd'hui, qu'il soit procédé à un supplément d'enquête, ou à une procédure d'aveu ce qui devait être terrible à cette époque puisque le présumé coupable était remis entre les mains du bourreau. Si l'on agissait différemment toute la procédure était frappée de nullité.

Mais l'ordonnance de Jaime I est plus qu'un texte édictant des règles à suivre en matière de poursuites. c'est aussi un rempart en vue de sauvegarder la liberté individuelle des Juifs.

Dans le cas, en effet, lisons-nous, où l'action publique aurait été mise en mouvement à la suite d'une plainte ou d'une dénonciation, le nom de l'accusateur ou du dénonciateur devait être connu avant toutes poursuites et dès le début de l'information. Dans le cas contraire, où une plainte ou dénonciation anonyme serait parvenue au prétoire du Bayle, on n'ordonnait pas l'instruction: Celui qui veut poursuivre un Juif devant la juridiction criminelle devait donc se faire connaître au préalable, il devait, en outre, au cas où il succomberait dans la preuve du fait allégué, fournir une caution et que celle-ci soit connue et solvable. Ces conditions étant remplies, l'instruction étant terminée, le Juif devait être mis au courant de la procédure et dans la possibilité de se défendre en se mettant en rapport avec un avocat.

Ces nombreuses exigences ayant été remplies, si le Juif était reconnu non coupable, il devait être immédiatement relaxé.

Il aurait pu l'être également ajoute le texte dans le cas où poursuivi pour dette ou toute autre cause, il eût pu donner une caution solvable, sauf toutefois si la peine qu'il encourrait, était susceptible d'entraîner une exécution capitale. D'après cette dernière disposition, nous voyons que ne pouvait être retenu que le Juif estimé trop dangereux, et dont le relaxe pouvait avoir des conséquences néfastes pour la sécurité publique.

Cette ordonnance qui a dû être accueillie par la communauté juive de Montpellier avec beaucoup de joie, devait avoir été considérée par le roi qui la rendait comme un acte d'une importance exceptionnelle, si l'on observe les dernières dispositions qu'elle contient. (1) Chaque année, en effet, avant son entrée en fonction, le Bayle devait jurer d'en observer toutes les clauses et si toutefois un magistrat quelconque faillissait à ces injonctions, il était frappé d'une peine terrible, étant déclaré infame et privé d'honneur et de dignité à perpétuité: Châtiment le plus pénible, dans cette commune de Montpellier, où les hommes avaient une si haute conception du devoir

Cette ordonnance fut-elle longtemps observée, c'est la question qu'il est permis de se poser en présence du mandement du roi d'Aragon au Bayle de Montpellier, le 25 octobre 1268, en vue de son exé-

(1) Revue des Etudes Juives T. XVIII p. 271 «Item, bajulus nostre curie Montispessulani juret singulis annis, cum faciet juramentum consuetum, se predicta servare et contra non facere, et locum nostrum tenens id singulis annis procuret et facere fieri teneatur. Quicumque autem curiales, et alii qui contre predicta fecerint, ipso quidem facto sint infames et omni honore et dignitate perpetuo careant...»

cution, lui intimant l'ordre de s'y conformer ponctuellement. (1)

§ III

Juridictions d'exception qui ont connu pendant un certain temps des causes juives. —

D'après ces indications il paraîtrait bien difficile de ne pas conclure que la juridiction de droit commun établie à Montpellier ne connaissait pas des causes des Juifs, du moins en matière criminelle. Cependant, à notre avis, il n'en a pas toujours été ainsi et une lettre du «Lieutenant du Roy en Languedoc, au Bayle de Montpellier où il est estably» pour connaître des causes civiles et criminelles, datée du 31 mai 1365, prescrit à ce dernier de ne connaître désormais de celles dans lesquelles les Juifs seraient intéressés et dont seul le comte d'Estampes était juge. A partir de cette date, les Juifs bénéficient d'un privilège de juridiction. Ils ont un juge spécial et d'exception qui va connaître des causes dans lesquelles ils seront intéressés, et si par hasard, quelque procès était instruit et jugé dans la forme du droit commun, toute la procédure serait annulée. De même, si le magistrat ordinaire est saisi d'une affaire qui en vertu des pré-

(1) Revue des Etudes Juives T XVIII p. 271

sentes ne doive pas lui être attribuée, il doit décliner sa compétence et renvoyer d'office les parties à se pourvoir devant qui il appartiendra, sous peine de se voir infliger une grave punition. (1)

Suppression de cette juridiction: De même, qu'il est permis de douter du maintien de la procédure contre les Juifs en considérant les injonctions adressées par Jaime I à son Bayle, de même on peut et on doit se demander si cette juridiction d'exception a été longtemps maintenue à Montpellier. En 1374, en effet, le pouvoir royal lui-même, n'était pas très fixé sur le juge des Juifs et au mois de janvier, il ordonnait une enquête afin de connaître d'une façon à peu près certaine, qu'elles étaient les juridictions qui pouvaient connaître des causes où ils étaient intéressés. (2)

§ IV

Etat du droit commun: Tel est le résultat de cette enquête: Pierre Amance, licencié en droit, juge ordinaire de toute la ville de Montpellier à la place du roi de Navarre... faisons connaître par les présentes qu'il échet à des témoins dignes de foi, interrogés dans notre cour à l'effet de savoir quel

(1) Revue des Etudes Juives T. XXIII n° 46 p. 273 document publié dans nos pièces justificatives n° VIII.

(2) Revue des Etudes Juives T. XXIII n° 46 p. 277

est le juge des Juifs, qu'il est constant que c'est le Bayle et autres magistrats ordinaires de la ville qui connaissaient des causes des Juifs et des Juives dans Montpellier, et ce, soit au civil, soit au criminel.

N'y a-t-il pas lieu de penser que dès cette époque on a totalement oublié le juge extraordinaire des Juifs et conservateur de leurs privilèges ? Par ces lettres, le juge normal, est le Bayle, et lui seul, sera compétent pour connaître de leurs affaires dans toute l'étendue de son ressort.

Cependant, ajoute le texte, quand il s'agit de questions dans lesquelles la défense de la ville est en jeu, il y a une exception à la règle générale, c'est pourquoi dans la contestation qui s'est élevée entre la communauté juive et les Consuls, la communauté ayant refusé son concours, le débat a été tranché devant les consuls et sur leur ordre les portes des habitations juives ont été enlevées. (1)

Conclusion

Sauf quelques exceptions, le juge ordinaire des causes juives est le Bayle, cette compétence n'est certaine que pour les procès de droit commun, soit

(1) Revue des Etudes Juives T. XXIII n° 46 p. 278 cité dans nos pièces justificatives n° IX

civils, soit criminels. Mais pour les litiges qui présentent un caractère d'ordre administratif, construction de remparts destinés à la défense de la cité, voirie, levée des impôts communaux, charges municipales de toutes sortes qui frappent la communauté, la compétence va naturellement aux Consuls devant lesquels sont portés les procès administratifs de la ville.

CONCLUSION

De l'Influence de l'Elément Juif à Montpellier

L'existence à Montpellier d'un élément israélite important est intimément liée au développement économique et commercial de cette ville, qui a pris un essort florissant au Moyen-âge, grâce aux nombreuses transactions qui ont été faites avec les ports de l'Orient.

Les Juifs de Montpellier, en effet, par leur activité, et leurs relations avec leurs corréligionnaires orientaux, formaient un trait d'union entre les Chrétiens et les Arabes et établissaient d'importants comptoirs dans tous les pays.

Germain nous déclare qu'il faut chercher là, la cause de l'importance de cette ville dès sa formation. «La ville apparait à peine formée qu'elle devient le centre d'un vaste négoce où se confondent les marchandises comme les races du monde.» (1) Cette activité commerciale n'est pas, sans doute, particulière à Montpellier, mais, Benjamin de Tudile nous affirme dans son voyage à travers les communautés établies sur les bords de la Méditer-

(1) Germain Histoire de la commune de Montpellier p. 1

ranée que c'est bien «la principale ville et comme le chef de tout trafic des mers par ses alliances et par ses puissances, et par conséquent la plus marchande et la plus peuplée.» (1)

On doit dès lors peu s'étonner que dès sa fondation, Montpellier ait été le refuge des fils d'Israél persécutés; ils s'y rendirent nombreux et purent s'adonner librement à leur commerce, facilités par les relations qu'ils avaient avec l'extérieur et surtout par l'acceuil qu'ils ont eu tant de la part de la population que des seigneurs, qui se bornaient, nous l'avons vu à tarifer leurs entrées.

La présence des Juifs à Montpellier au XIIe siècle a fait de cette ville le plus important port de la Méditerranée, rivalisant avec Marseille. De là, de nombreux traités de commerce conclus avec Pise et Gènes, par Guilhem VII; de là, une multitude de privilèges octroyés à nos marchands par Conrad de Montferrat dans sa principauté de Tyr; de là, enfin, l'institution de nos consuls des mers et la perception de nombreux revenus, résultant de taxes frappant les Juifs étrangers entrant dans nos ports.

Dans un autre ordre d'idée, il ne faut pas ignorer

---

(1) Gariel Idée de la ville de Montpellier, Germain op. cit. T. II p. 214

l'influence exercée par les Juifs sur la vie scientifique et littéraire. A coté des Ecoles Juives de Lunel et de Narbonne, celle de Montpellier était certainement la plus réputée. La faculté de Médecine surtout grâce à la science des Rabbins devait avoir une influence heureuse sur toute la chrétienté et l'on peut se demander si encore notre Université ne tient pas un peu de sa réputation mondiale des siècles passés.(1)

C'est enfin dans cette ville que commença le grand mouvement philosophique qui prit naissance lors de l'apparition des œuvres de Maimonide et des tendances rationalistes qu'elles révélaient, car c'est là qu'habitait et enseignait le principal chef de ce mouvement Abba ben Moise, appelé aussi don Astruc de Lunel, le champion de l'Orthodoxie. (2)

---

(1) Renan Les Rabbins français p. 261 — Astruc op. cit. p. 168

(2) Saige Les Juifs du Languedoc. — Renan, les Rabbins français.

Vu et permis d'imprimer :
Le Recteur :
COULET.

Vu : *le Président de la Thèse,*
Montpellier 27 Mars 1924.
P. VIARD.

Vu : *le Doyen,*
Le 27 mars 1924
M. MOYE.

PIÈCES JUSTIFICATIVES

N° 1

Traité entre les Juifs de Montpellier et les Consuls de cette ville au sujet de la défense de Montpellier

1208 (12 mai)

In nomine Domini,, anno ejusdem incarnationis millesimo ducentesimo octavo, quarto idus Madii, omnibus et singulis presentibus et futuris pateat et certum sit quod discordia et controversia erat inter duodecim consules Montepessulani, scilicet Johannem Bocados, Guiraldum Raimundum, Stephanum Tabernarium, Bertrandum medicum, Johannem de Caza, Guillelmum de Veranias, P. Bauzilium, Rainaldum Stornellum, Gerardum Tahonem, Salvaire, P. Porcellum et Bernardum Gres, petentes pro se et pro tota universitate Montispessulani, ex una parte, et Bonisachum et Bonetum, filium habrahe, et Jusce de Lunello, et David, filium Guersom, et Mosse, filium Mairone, et Bonjusce de Castello, et Vivas, filium Jacob, certos ac speciales procuratores constitutos ad hoc ab aliis Judeis et litigantes pro se et pro omnibus aliis Judeis, habitatoribus Montispessulani, ex altera. Dicebant siquidem predicti consules et costanter asserentes proponebant quod, quandocumque aliqua potestas contra villam Montispessulani, vel aliquod castrorum ad dominationem ville Montispessulani pertinentium, equitabat, ita quod exercitum ibi duceret et tentoria ibi figeret, Judei, quotcumque habitarent villam Montispessulani, tenebantur, de suo proprio jure servicii constituti, habere et prestare omnes quadrillos, quotcumque et quicumque expenderentur et necessarii essent, tam ad municionem quam ad defensionem ville Montispessulani et dictorum castrorum, quamdiu excercitus esset circa dicta loca. Similiter dicebant et proponebant quod, si tota communio Montispessulani faceret alicubi communem excercitum, ita quod tentoria ibi poneret per diem unicam, predicti Judei tenebantur prestare de suo omnes quadrillos qui ab illo excercitu expenderentur, et pro certo allegabant quod, communicato consilio et consensu proborum hominum Montispessulani, preteriti domini dicte ville Montispessulani cum Judeis ita constituerant et sic longissimis temporibus fuerat obtentum, et his rationibus nitebantur inducere dictos Judeos ad predictum servicium prestandum. Et contra suprascripti Judei, ad sui defensionem omnia fere predicta inficiantes, dicebant quod ad nihil aliud de prescriptis serviciis tenebantur, nisi tantummodo ad prestandum duas saumatas ferri ad opus quadrillorum, eo tempore quo potestas cum suo excercitu juxta et contra villam Montispessulani vel castrum de Castro Novo vel de Latis tentoria poneret per duos vel per tres dies, et si, aliquo tempore, ipsi vel antecessores sui petitum servicium prestiterant, hoc fecerant metu et cohactione violenta districti et non aliquo jure vel statuto facto; et cum ad probanda ea, que dicti Judei negaverant, predicti consules diligentem fecissent inquisitionem et cum antiquis hominibus veritatem plenissime indagassent, nichil certum potuerunt invenire vel probare .Tandem prefati Judei, pro se et omnibus aliis Judeis, habitatoribus Montispessulani, presentibus et futuris, miserunt se in posse predictorum consulum, recipientium pro se et pro omnibus successoribus suis futuris, consulibus Montispessulani, et pro tota universitate Montispessulani, et promiserunt quod eorum starent cognicioni et arbitrio de predictis. Qui consules, habito consilio, et voluntate expressa et speciali consensu omnium consulum,officialum et eorum omnium qui consulunt communitati hujusmodi, conventionem et compositionem super his que petebant fecerunt, propter evidentem et maximam utilitaten ville Montispessulani, et ne aliqua in posterum posset fieri dubitatio seu oriri discordia cum Judeis propter predicta, quod, si alique potestas juxta et contra villam Montispessulani vel castrum de Latis vel de Castro Novo cum excercitu vel «cacalcada hosteian» veniret, ita quod ultra duos dies tentoria ibi haberet et poneret, prima hora tercie diei, udei habitantes villam Montispesulani, presentes et futuri, teneantur prestare et prestent de suo tantum viginti milia quadrillorum balistarum de «croc», tam ad municionem quam ad defensionem predictorum locorum, et totam predictam summam quadrillorum de cetero continue teneant paratam; et si contigeret quod predicta potestas, prestito illo servicio, cum excercitu suo recederet de predictis locis vel de aliquo predictorum locorum et infra tres menses, computandos ab illo recessu, rediret contra predicta loca vel aliquod predictorum locorum cum excercitu, etiam si tentoria figeret, non teneantur iterum Judei prestare aliquid de predicto servicicio (*sic*), infra tres menses, a die dicti reditus computandos. Si vero ultra tres menses, a dicto reditu computandos, moram cum excercitu contra dicta loca fecerit, aut si, post tres menses, ipsa potestas, ut supradictum est, redierit, iterum prestent dicti Judei alia viginti milia quadrillorum; item, quandocumque alia potestas, post recessum alterius potestatis, veniret cum excercitu juxta et contra villam Montispessulani vel alterum predictorum castrorum, tentoria ibi ponendo seu figendo, ex quo per duos dies ibi stetisset castrametatus, similiter et sub dicta forma, per omnia observata, teneantur Judei prestare et prestent tantum alia viginti milia quadrilorum, et sic de ceteris perpetuo observetur. De ceteris omnibus aliis serviciis que supra jamdicti consules petierunt, Judei et successores sui omnes sint perpetuo liberi et absoluti. Et nos suprascripti Judei, Bonisachus, Bonetus, filius Habrahe, Jusce de Lunello, David, filius Guersom, Mosse, filius Mairone, et Bonjusce de Castello, constituti speciales procuratores ab universitate Judeorum Montispessulani ad hanc compositionem vobiscum, prenominatis consulibus, faciendam, ipsam compositionem voluntate et consensu omnium Judeorum Montispessulani, presentes et futuros, laudamus, approbamus et perpetuo valituram concedimus et confirmamus et, prout supra determinatum est a vobis, perpetuo a nobis et ab omnibus successoribus nostris, habitatoribus Montispessulani, perpetuo teneri et observari promittimus. Acta sunt hec et laudata anno et mense et die quo supra. Horum omnium, exceptis P. Porcello et Bonisacho, qui duo tantum non adfuerunt laudationi, sunt testes: R. Benedictus, P. Belianus, Petrus Capellerius, P. Magister, P. Gras, Ugo Corrigerius, Johannes Corrigerius, P. de Arciacio, B. Borra, B de Ambileto, Johannes Lucianus, Poncius Andreas, Petrus de Mascone, P. Guiraldi, causidicus, et Jacobus Laurencii, notarius, qui hoc scripsit rogatus a partibus.

(Cotes anciennes):

Consulum, per XXm quairels dels Juzieus. (XIIIe S.)

.................(effacé) (XIIIe S)

Hec sunt carte pacte Judeorum et qualiter tenentur de prestacione XX mil. cadrillorum. (XIII e S.)

Aiso sont cartas del Juzeus. (XIVe S.)

La carta dels Juoiaous (?) de XXm cayrels. (XIVe S.)

Parch. 0,43 m. de haut sur 0,33m. de large. Chirographe, parti en tête et sur la marge de gauche.

Arch. municipales de Montpellier, cassettes de Louvet, D. XX, N° 2.

N° II

Mandement de Charles Roi de Navarre, à ses officiers à Montpellier pour faire contribuer les Juifs aux frais de la construction d'une nouvelle muraille de la ville.

(St-Jean-Pied-de-Port, 18 fév. 1374 n.st.)

Karolus, Dei gratia rex Navarre, comes Ebroycensis totiusque ville Montispessulani, baronie, rectorie et parvi sigilli ejusdem dominus, dilectis et fideibus nostris, gubernatori, judici palacii et rectori rectorie nostre Montispessulani vel eorum locatenentibus et cujuslibet eorumdem, salutem. Pro parte consulum communitatis et universitatis ville nostre Montispessulani nobis est suplicando intimatum quod, cum de mandato nostro et ordinacione ejusdem universitatis, publica suadente utilitate, disposuerint iidem supplicantes et incohaverint propriis et communibus sumptibus fortifficare et claudere suburbia ejusdem loci muro lapideo sumptuoso et alia certa fortifficacione, et, clausuram ville secundum occurentis (sic) casus construendo et restaurando, cogantur necessarios labores et expensas inportabiles subtinere et contribuere pro rata et modo facultatum, ut est juris et moris, seu aliis modis in dicta villa consuetis, Judei camere et Judee inibi commorantes, pretensis fucatis coloribus, ut asserunt, recusant et contradicunt labores et expansas hujusmodi pro rata subire et a solucione et contribucione predictis se in totum reddere inmunes, ex que inter ipsos et officiaros nostros grandia debita et contentiones diversis modis fuerunt et sunt orta, et multi Christianorum, inde sumpta occasione, se retrahant a contribucione et solucione premissis, sic quod non valent in operabus predictis debite intendere nec procedere, ut tenentur, quod cedit in grave periculum et prejudicium rei publice atque nostri, petentes super hiis de remedio opportuno provideri. Nos, considerantes premissa et sollicite attendentes supplicationem hujusmodi fore consonam rationi, volentes omnem materiam scandali et contencionis radicitus de medio extirpare et hinc indempnitati obviare ac in hiis providere, ut tenemur, vobis et vestrum cuilibet precipimus et mandamus commitendo, si sit opus, quatinus, ex parte nostra, judeis et Judeabus, in dicto loco commorantibus, et cuilibet ipsorum, prout unum quem que presens négocium concernit vel contingere potest, mandetis, quibus eciam nos per presentes mandamus, ut ad clausuram, fortifficacionem et opera predicta, racionabiliter et secundum facultates, una cum Christianis, contribuant et solvant pro rata, viis et remediis debitis et opportunis, prout in talibus in factis Christianorum est fieri consuetum, appellatione post posita, ad id, si necesse fuerit, compescendo, nisi amicabiliter convenerint cum consulibus predictis(?) nullo tamen eis, quo ad premissa, privilegio suffragante, provideatis quod iidem Judei et Judee debitam contribucionem nullathenus evitent in hac parte, nec Christiani, hujusmodi occasione, in hoc vel in aliis, sint eis graves vel inportabiles quoquomodo, nec eciam consenciatis vel permitatis ipsos in hiis ultra modum vel debitum molestari vel gravari, premissa quoque, ex certa scientia et de gratia speciali, sic fieri jussimus et ordinamus, salvo tamen in aliis jure nostro et in omnibus quolibet alieno. Datum in villa nostra Sancti Johannis de Pede Portus, sub sigillo nostro secreto , in alterius absentia, XVIII die Februarii, anno Domini MCCCLXXIII. — Per regem, ad relacionem M. de Cavarr. Pasquarii. M. de Tavair, vicarius Aquensis. — Collatio facta cum originali. IX Aug. LXKIIII. (En tête de la pièce): Fiat vidimus.

Arch. municipales de Montpellier, inv. Louvet. D.XX, N° 25.

Cf. Revue des Etudes Juives XXIII N° 46. p 276 et 277.

III

Lettres du Juge et conservateur des Juifs pour faire imposer sur ceux du Languedoc leur part du don fait au Roy à son advenement à la Couronne, pour la confirmation de leurs privilèges, en 1364. (18 octobre 1364.)

Loys, comte d'Estampes, seigneur de Lunel, gardien, juge et conservateur général de tous les juifs et juifves demeurant en royaume de France, à M. Raymond de Moncelz, clerc de Monseigneur le Roy, pour ce que les Juifs et Juifves demeurans ez parties de la France ont n'agueres fait mises et dépens d'environ quatre mil frans d'or, tant pour présent quils ont fait à Monseigneur le Roy, a son nouvel et joyeux avenement, et comme pour faire renouveller et confermer les privilèges desdits Juifs, et pour plusieurs autres de besognes, dont nous sommes souffisamment informez, en laquelle somme lesd. Juifs de la Languedot et autres n'ont encore en aucune manière contribué, nous vous avons commis et estably par ces presentes, commettons et établissons, pour faire assembler les dits Juifs de la Languedot et autres, en certain lieu pour faire assiette sur eux de leur portion de la dite somme, selon l'ordonnance qui entr'eux de par deça a esté faite, laquelle Salomon de Moneurchau, Juif, leur monstera, laquelle assiette nous voulons estre faite par le dit Salomon et deux ou trois desdits Juifs, tels comme le dit Salomon vous ynduira, par lequel Salomon nous voulons les deniers qui en y soront estre reçeus, pour apporter par deça si vous mandons et commetons de par Monseigneur le Roy et de par nous, que ces lettres veues, vous fassiez assembler les dits Juifs de la Languedoc, en lieu et en la manière que le dit Salomon qui va pardela pour cette cause vous requerra, et contraignez si Messier est les dits deux ou trois Juifs, que le dit Salomon eslira, à faire entreux lad. assiette sur chacun des dits Juifs etJuives de par dela, selon sa fource et pouvoir, et les deniers en y seront delivrez au dit Salomon, pour apporter par deça, comme dit est, et se aucuns d'eux estoient refusans de payer, ce a quoy ils en auront esté assis, contraignez les y par prise, vendite et explectation de leurs biens et autrement, en la manière qu'il est accoutumé faire pour les propres debtes royaux, jusques a pleine satisfaction de la dite assiette, de ce faire vous donnons pouvoir, mandons et commandons de par mondit seigneur le Roy et de par nous, a tous les officiers, justiciers et sujets du dit royaume, que a vous en faisant et accomplissant les choses des susdittes, obeissent et entendent diligemment et vous prestent conseil, confort et ayde toutes fois que vous en aurez mestier, et par vous en seront requis; donné à Paris, sous nostre seel, le dix-huitiesme jour d'octobre, l'an de grâce mil trois cent soixante et quatre.

Par Monseigneur le seigneur, le conte P. Michel.

Archives départementales de l'Hérault, Lettres-patentes de la Sénéchaussée de Nimes, tome II, fol. 219.
(cf. Revue des Etudes Juives T. XXIII n° 46)

IV

Certificat du Baile de Montpellier attestant que les Juifs ont contribué pendant deux ans aux charges de la ville.

Montpellier, 21 janvier 1374 (n. st.).

Universis et singulis presentes litteras inspecturis, Stephanus de Claperiis, burgensis, bajulus Montspessulani pro domino nostro rege Navarre, domino tocius dicte ville Montispessulani, salutem et presentibus dare fidem, notum facimus per presentes nos esse sufficienter informatos tam per testes fide dignos quam per inspectionem librum consulatus Montispessulani, quod Judei tunc habitantes in Montepessulano composuerunt cum tunc consulibus ejusdem ville, pro supportacionibus onerum ejusdem ville, et solverunt eisdem, scilicet quolibet annorum M.CCCLXII et LXIII, centum florenos auri. In quorum testimonium, instante procuratore consulum dicte ville, sigillum autenticum nostre curie hic duximus appendendum. Actum et datum in Montepesulano, die XXI mensis Januarii, anno Domini MCCCLXXIII.

Constat de premissis.

J. Lamberti.

Archives municipales de Montpellier, inv. Louvet, DXX N° 24.

(cf. Revue des Etudes Juives T. XXIII n° 46)

V

Ordonnance du Duc d'Anjou enjoignant au baile de Montpellier de faire sortir les juifs du Carrefour de Castelmoton. — 1365 (18 juin).

Ludovicus, quondam Francorum regis, domini nostri regis germanus ejusque locumtenens (sic) in partibus Occitanis, dux Andegavensis et comes Cenomanensis, bajulo regio Montispessulani vel ejus locumtenenti, salutem. Querelam dilectorum nostrorum consulum ville Montispessulani audivimus continentem quod, licet propter guerras et discurssus latrumculorum (sic) inimicorum domini nostri regis et totius ejus regni, quidam dicte ville suburbiorum habitatores infra clausuram murorum dicte ville se constituerunt et ibidem suas habitaciones fecerunt, ex eo quia in dictis suburbis non clausis vel minus bene secure cum suis uxoribus, filiis, familia et rebus non poterant habitare absque periculo dictorum inimicorum regnum discurrentium antedictum et disraubacione et apprezonamento suarum personarum et rerum, propter quod dicte ville hospicia infra communem clausuram murorum fuerunt quam plurimum occupata, sic et in tantum quod, pretextu Judeorum, qui quendam locum, carreriam ei stagiam dicte ville infra dictam clausuram murorum, prope quadrivium de «Castelmoto», ex sua ubertate peccunie et aliquorum potencia, in grande prejudicium habitatorum dicte ville, occupatum, vix dicte ville habitatores recipi possunt infra communem clausuram murorum predictam, ymo occasione predicta et restristione dictorum habitatorum quamplurimi mortui sunt et inter eosdem infirmitates maxime generantur, propter quod supplicarunt dicti consules (sic) de remedio opportuno providere. Tibi igitur, bajulo vel tuo locumteneti, precipimus et mandamus et si opus fuerit, committimus quatinus, visis presentibus, indilate dictos Judeos in loco predicto commorantes seu in carreria predicta amoveas seu amoveri facias indilate, inhibentes eisdem ne in dicto loco morentur infra villam predictam, nisi in carreria seu loco vocato «la Vacaria» propo portiale de «la Saunaria», quem locum nos ipsis Judeis, ad dictorum consulum requisitionem, tenore presencium assignamus, inhibeasque dictis, sub magnis penis, domino nostro regi seu nobis, nomine regio, applicandis, et per capcionem persone et aliis remediis opportunis, ne dictum locum occuppent (sic), carreriam seu hospicia ejusdem, ymo hospiciis dicte carrerie christianos dicte ville uti facias paciffice et gaudere, volontes inhibi (sic) habitar, absque contradictione Judeorum et alterius cujuscumque, quibus nos, tenore presencium inhibemus volentes insuper et tibi precipientes quatinus loca seu hospicia in carreria Vacarié prefata eisdem Jureis assignes et tradi facias ad suas habitaciones pro salario seu loquerio competenti et prout tibi videbitur faciendum, sic in premissis te habendo, quod dicti consules ad nos non redeant querelosi. Que omnia concedimus dictis consulibus et dicte ville habitatoribus de speciali gratia, si sit opus, et autoritate regia, qua fungimur in hac perte ,litteris in contrarium impetratis seu impetrandis, sub quacumque verborum forma, non obstantibus quibuscumque, ab omnibus autem justiciarum et domini nostri regis subditis pareri volumus efficaciter et intendi. Datum Nemausi, die XVIII mensis Junii, anno Domini millesimo CCC sexagesimo quinto, sub nostro secreti sigillo.

Per dominum Ducem.

J. Chantepie.

(Archives municipales de Montpellier, cassettes de Louvet, E. VII, n° 33, 5e pièce.)

(Cf. Revue des Etudes Juives, T. XIX, n° 38.)

VI

Confirmation des privilèges des Juifs de Montpellier par le roi Jayme Ier d'Aragon.

18 octobre 1252

Noverint universi quod nos Jacobus, Dei gratia rex Aragonum, Majoricarum et Valentie, comes Barchinone et Urgelli et dominus Montispessulani, per nos et nostros laudamus, concedimus et confirmamus vobis, Astruch de Carcassona et Abraham, filio quondam Boneti Judei, et toti universitati Judeorum in Montepessulano habitantium, presentium et futurorum, omnia instrumenta et privilegia, a nobis et a nostris antecessoribus vobis concessa et confirmata, super vestris franchitatibus et consuetudinibus et quibuslibet aliis causis, et specialiter privilegium quod vobis concessimus super tributo quod nobis dare tenemini annuatim, volentes et concedentes vobis quod predicta privilegia omnia et singula perpetuam et plenariam habeant firmitatem, mandantes tenenti locum nostrum in Montepessulano et bajulo curie et consulibus ejusdem loci et universis aliis officialibus et subditis nostris, presentibus et futuris, quod predicta privilegia vobis et vestris successoribus inviolabiliter observent et observari faciant et cantra ea vel eorum aliqua non veniant nec aliquem venire permittant. Datum Barchinone, XV kalendas Novembris, anno Domini M. CC. L. secundo.

Signum Jacobi, Dei gratia regis Aragonum, Majoricarum et Valentie, comitis Barchinone et Urgelli et domini Montispessulani.

Testes sunt:

G. de Montecat.
R. Bereng. Dager.
G. de Angelaria.
B. de Cintillis.
Bertrandus de Ahones.

Signum Petri Andree qui, mandato domini regis, hoc scripsit, loco, die et anno prefixis.

Analyse, du XIII siècle, en marge: *Carta cal rei Jac confermet las franquesas als Juseus de Monpelier que lor avia dades.* — (Arch. municipales de Montpellier, Grand Thalamus, fol. 44 V°, pièce n° 91.

cf. Revue des Etudes Juives T. XXII n° 44.

VII

Ordonnance du Roy Jacques Ier d'Aragon sur la procédure contre les Juifs.

1266 (1er février). — 1er février 1267 (n. st.).

Noverint universi quod nos, Jacobus, Dei gratia rex Aragonum Majoricarum et Valentie, comes Barchinone et Urgelli et dominus Montispessulani, per nos et nostros statuimus, habito sano et maturo consilio, etiam damus et concedimus in perpetuum in liberitatem et favorem omnibus et singulis Judeis, presentibus et futuris, tam masculis quam feminis, in parte nostra Montispessulani habitantibus et habitaturis, quod aliquis ex ipsis Judeis, aliqua causa vel ratione in judicium deducta vel non deducta, non questionetur nec questionari possit nec alicui eorum fiat vel incuciatur aliquo tempore, facto sive dicto timor vel terror questionis, nisi sub hac forma: perducto enim judicio vel inquisitione, incepto vel incepta contra Judeum, usque ad finem, ita quod non restet nisi sententia, traditisque Judeo in omnibus actis, et datis post eidem Judeo induciisquatuor dierum utilium, in quibus deliberet cum peritis, si voluerit, bajulus curie Montispessulani cum actis omnibus collationem habeat, cum duobus discretioribus et legaloribus jurisperitis Montispessulani, auditis rationibus et deffentioribus Judei et periti ejus, presentium, et tunc, si res flagitaverit, questio de Judeo juste fiat, et omnis inquisitio, quæ fiet contra Judeum, fiat semper per bajulum curie nostre Montispessulani, et non aliter. Item, aliqua inquisitio non fiat nec fieri possit contra Judeum, et, si facta fuerit, ipso jure nulla sit, nisi facta fuerit precedente accusatore vel denuntiatore, cujus accusatoris vel denuntiatoris nomen in principio inquisitionis inseratur et cum reperietur accusatio vel denuntiatio, ipsi accusatores vel denuntiatores teneantur dăro curie bonos et idoneos fidejussores secundum facti qualitatem puniendos, si deffecerint in probatione; si vero accusator non habuerit, sustineat talionem, et denuntiator non probans in peccunia durius per bajulum puniatur. Item, Judeus habeat transcriptum accusationis vel denuntiationis et fidejussionum cum nomine accusatoris vel denuntiatioris et cum nominibus fidejussorum et etiam cum ipso transcripto deliberet cum peritis, si voluerit. Et hec omnia fiant antequam procedatur inquisitione. Item, aliquis Judeus captus non retineatur pro aliquo debito vel crimine aut alia causa, qui dare velit curie idoneos fidejussores, nisi pro crimine pro quo est ultimum supplicium inponendum. Item, bajulus nostre curie Montispessulani juret singulis annis, cum faciet juramentum consuetum, se predicta servare et contra non facere, et locum nostrum tenens id singulis annis procuret et facere, fieri tenetatur. Quicumque autem curiales, et alii qui contra predicta fecerint, ipso quidem facto sint infames et omni honore et dignitate perpetuo careant. Datum in Montepessulano, kalendis Febroarii, anno Domini millesimo CC° LX° sexto.

Signum Jacobi, Dei gratia regis Aragonum, Majoricarum et Valentie, comitis Barchinone et Urgelli et dominus (sic) Montispessulani.

Testes sunt: Berengarius A' de Angela; Gaucerandus de Pinos, G. de Caneto, P. Martin de Luna, Garcias Orciz de Azagra.

Signum Bartolomei de Porta, qui mandato domini regis hoc scribi fecit et clausit, loco, die et anno prefixis.

(Arch. municipales de Montpellier, cassettes de Louvet, D. XX n° 4 — cf. Revue des Etudes Juives T. XVIII.)

VIII

Lettres du Lieutenant du Roy du Languedoc, defendant au Bayle establi a Montpellier pour les causes civiles et criminelles des habitants de la dite ville, de connaitre de celles des Juifs desquels le comte d'Estampes estoit Juge.

(31 mai 1865.)

Ludovicus, regis quondam francorum filius, domini nostri regis germanus, ejusque locumtenens in partibus Occitanis dux Andegavensis et comes Cenomanensis, dilecto et fideli secretario nostro magistro Petrotocelli, commissario deputato per carrissimum consanguineum nostrum comitem Stampatum, judicem et conservatorem judæorum et Judæarum, in regno franciæ commorantium perdictum genitorem nostrum specialiter deputatum, salutem et dilectionem.

Meminimus per nostras litteras bajulo Montispessuli cæterisque justiciariis scripsisse in hæc verba: Ludovicus, regis quondam francorum filius, domini nostri regis germanus, ejusque locumtenens in partibus Occitanis, dux Andegavensis et comes Cenomaciariis, Bajulo Montispessulani vel ejus locumtenenti cæterisque justiciariis, quibus præsentes litteræ pervenerint salutem Consules villæ Montispessulani nobis humiliter supplicarunt, quatenus omnes causas civiles, criminales et alias quascumque ordinarias dictæ villæ remittere et remitti facere dignaremur, qui deipsis cognoscerent, prout ad ipsos pertinuerit, qui ipsas deciderent secundum franchesias et villæ libertates et bonos usus ac formam juris communis, quo regitur terra ista, prout est fieri consuetum, magistrisque requestarum hospicii nostri inhiberemus, ne abinde in antea aliquam dictorum habitantium causam ad se evocarent, nec de eadem cognoscerent, sed si querela aliqua ad eosdem perveniat, ipsas partes seu ipsam querelantem ac ejusdem vel eorumdem causis ipsis ordinariis remitterent indilate nos præfatorum consulum supplicationibus inclinati eisdem, concessimus et concedimus per præsentes, quod omnes causæ, ipsos supplicantes seu dictos villæ habitatores tangentes ac adeorum commodum vel incommodum spectantes, ipsis ordinariis remittantur, qui deipsis cognoscant, prout ad ipsos pertinuerit, secundum mores, usus, et franchesias dictæ villæ et formam juris communis, quo regitur terra ista, et prout facere consueverunt. Inhibentes Magistris requestarum hospicii nostri, ne abinde in antea aliquam causam, civilem vel criminalem, seu aliam quamcumque, ipsos supplicantes tangentem, et ipsorum vel dictæ villæ habitarum, commodum vel incommodum continentem, ad se audeant evocare, nec deipsa cognoscere, seu ei aliqualiter immiscere, quavis ratione vel causa eisdem consulibus, de uberiori gratia concedentes, ne aliquid commissiarius, sive inter pupillos et viduas deputatus, sive in quavis alia cognitione, uti sua commissione præsumat inter dictæ villæ habitatores, seu de causis inter eosdem vertentibus, ac aliis quibus cumque ad ipsos ordinarios spectantibus, quæque juris tibi bajulo prœcipientes, et tuo locum tenenti, si opus fuerit, committentes, quatenus dictos consules et dictæ villæ habitatores, nostra præsenti gratia uti facias et gaudere. Inhibeasque nostri hospicii requestarum, magistris et cœteris judicibus commissariis, ac aliis quibuscumque, sub certis et magnis pœnis, domino nostro regi seunobis regio nomine applicandis, ne dictæ villæ habitatores et præmissos supplicantes uti nosta gratia audeant impedire, quibus nos tenore præsentum Inhibemus, quia sic fieri volumus et jubemus et eisdem supplicantibus ac dictæ villæ habitatoribus concedimus, de speciali gratia, si sit opus, et autoritate regia, qua fungimur in hac parte, litteris impetratis vel Impetrandis sub quacumque verborum forma non obstantibus quibuscumque, quas litteras et earum effectum istis contrarias per quas seu perquem effectum earum possit quoquomodo annullare, præsens gratia seu in aliquo pereas seu ipsarum effectum hinc prædicare, nostenore præsentum revocamus. Datum In Monte Pessulo, sub sigillo nostro secreto.

Archives départementales de l'Hérault, Lettres patentes

de la Sénéchaussée de Nîmes, T. II, fol. 205 V°. cf. Revue des Etudes Juives T. XXIII n° 46

IX

Déposition de témoins, par devant le Juge du Lieutenant royal de Montpellier, au sujet des juridictions dont relevaient les Juifs.

Montpellier, 20 janvier 1374 (n. st.).

Universis presentes litteras inspecturis Petrus Amancii, licensiatus in legibus, judex ordinarius tocius ville Montispessulani pro domino nostro rege Navarre, domino dicti loci, salutem et presentibus fidem indubiam adhibere vobis et vestrum cuilibet. Notum facimus per presentes quod, per deposiciones testium fide dignorum, super ho cin nostra curia examinatorum, nobis sufficienter constat quod bajulus et ceteri curiales et officiarii ordinarii ville Montispessulani hactenus usi sunt cognoscere de Judeis et Judeabus, in Montepessulano commorantibus, criminaliter et civiliter, prout et quosciens casus exhigit, quodque exequcio facta nuper contra dictos Judeos, amovendo eis januas habitacionum suarum pro fogatgio et tallio comuni, noviter in dicta villa indictis per honorabiles viros consules dictl (*sic*) loci, pro fortifficatione et clausura murorum ville et palissate dicti loco, et pro aliis que dicti consules petunt a dictis Judeis, fuit facta, certifficato primitu et non contradictente saltim tunc domino gubernatore dicti loci, pro dicto domino nostro rege; § et eciam quod postmodum aliqui Judei, regentes dictos Judeos, dixerunt et confessi fuerunt quod non audebant se cum dictis consulibus concordare, quia per dictum dominum gubernatorem eis fuerat prohibitum ne cum ipsis Consulibus concordarent; § nec non et quod dicti Judei consueverunt in custodia dicti loci Montispessulani vigilare de die et de nocte, per villiam et supra muros, de mandato septenariorum dicti loci Montispessulani; § et quod eciam dicti consules singulis annis instituerunt et instituere consueverunt certos proceres ad visitandum hostalerias dicti loci Montispessulani, quolibet cero (*sic*), quot, quales et quanti extranei hospitantur in dictis hostaleriis, vel deputati, si eis videatur quod tales extranei sint suspecti, faciunt relationem officiariis dicti domini nostri regis Navarre, domini dicti loci , prout hec et alia nobis clare patent per predicta. In quorum fidem et testimonium, et ne inspectio deposicionum ipsorum testium inspicientibus ea possint tedium vel fastidium génerare, has litteras procuratori dictorum consulum concessimus sigillo auctentico nostre curie sigillatas. Actum et datum in dicta nastra curia, die vicesima Januarii, anno Domini millesimo trescentesimo septuagesimo tercio.

Constat de premissis. J. Lamberti (sur le revers de la charte.)

Archives municipales de Montpellier, inv. Lauvet, DXX, N° 23.

(cf. Revue des Etudes Juives T. XXIII n° 46)

DOCUMENTS INÉDITS

SUR

LES JUIFS DE MONTPELLIER

AU MOYEN AGE (1)

I

Item IX Kalendas octobris, nos Raimundus de Montemirato, domicellus filius quondam G. de Montemirato de Castriis et Petrus Barrerie ejusdem loci confitemur et quisque in salidum nos debere tibi Vidas filio Salves de Nemauso Judeo et suis XL solidos melgoriensium ex causa mutui in quibus renunciamus etc..

(Arch. municipales de Montpellier. GRIMAUD (2) fol. 3 V° côté BB.)

II

Item Kalendas marcii (25 février 1294) ego Petrus de Cornone filius Petri de Cornone domicelus confiteor me debere tibi Bonanasc de Biterris Judeo, X solidos ex causa mutui, in quibus renuncio etc... quos solidos promitto solvere ad festum sancti Petri de Augusto sub mei et bonorum meorum obligatione...

(Idem: Grimaud fol.80 r°)

---

(1) Ces documents nous ont été transmis par M. l'abbé Rouquette.

(2) Grimaud, notaire de Montpellier, vivant à la fin du XIIIe siècle et au début du XIVe, est le plus ancien dont les archives municipales de Montpellier aient conservé les minutes (côté B B 1.).

III

Item tertio nonas marcii (5 mars 1294) ego Pontius Buada domicellus, dominus de Cavayraco, habitator de Armazanicis confiteor me debere tibi Jacobo de *Na* Serena Judeo et tuis quinquagita et VIII solidos melgoriensium ex causa mutii in quibus renuncio etc... quos sub mei et bonorum meorum obligatione dare et solvere tibi recipienti hinc ad proxime instans festum sancti Petri de Augusto: Alias dabo tibi pro lucro etc. ,(

(Idem Grimaud fol. 25 V°)

IV

Item XVI Kalendas octobris (16 septembre 1293) ego Durantus de Nemauso judeus, filius quondam Bonafos de Nemauso per me et meos, bonafide et bono animo vendo, cedo et mando tibi Jacobo de *Na* Serena judeo et tuis omnia jura, omnes omnino actiones etc. michi quocumque modo et ex quacumque causa competentes et competitura contra et adversus dominam Mariam de Aremis, uxorem quondam B. de Sancto Justo domicelli de Monteferrario et contra liberos suos et dicti quondam B., et bona sua, et cujusque eorum et dicti quondam B. occasione quorum cum que debitorum et obligationum in quibus dicta domina Maria et ejes liberi et dictus quondam B. quocumque modo et ex quacumque causa seu ex quocumque contractu vel quasi michi sunt obligati usque in hunc diem presentem.

De quibus juribus et actionibus me et meos prorsus exuendo te et tuos totaliter investio etc... Volens et concedens quod tu predicta jura a predictis et eorum quolibet possis et valeas petere et exigere et pro predictis et eorum occasione agere et ex periri etc.

Promittens quod contra predicta vel aliquid predictorum nunquam veniam etc... et nichil dixi: etc.

Pretio autem cujus venditionis confiteor me a te habuisse duodecim libras melgoriensium, in quibus renuncio etc et promitto per fidem etc

Archives municipales de Montpellier coté BB. Grimaud fol 2 R°. (1)

---

(1) Nous pourrions citer encore un grand nombre d'autres contrats conservés dans les minutes du notaire Grimaud, concernant les Juifs de Montpellier au 13e et 14e siècles. Nous nous contenteronsde reproduire ces quelques uns qui sont des plus importants se rapportant aux familles nobles du pays qui ont dû emprunter aux Israëlites.

Cependant, à titre documentaire nous croyons devoir être de quelque intérêt de donner encore un certain nombre de références relatives à d'autres reconnaissances suivies d'une brève analyse de leur contenu.

Ainsi: Le 8 septembre 1293, Raimond Siabol de Baillargues reconnaît devoir à Isaac d'Avignon, Juif, 58 sols melgoires pour prêt (Grimaud B. B. 1 fol. r°; le même jour, le même reconnait devoir à Boninzas, fils d'Isaac d'Avignon un setier de bozelle (idem). —

Le 30 septembre Guilhaume Cabal de Seyrac reconnait devoir à Profag, Juif, fils de Vinas et de *na*, Serena 20 sols melgoriens et trois emines de tozelle pour prêt. (idem 1 fol. 7 V°)

Le 1er octobre, Raimond de Cocullcs, de la paroisse de St. Jean de Coculles, Michel Lautier, Pons Lautier de St. Martin de Trévies reconnaissent devoir à *na* Serena, Juive, 13 setiers de Blé et quatre de tozelle pour prêt. (idem 1 fol. 9 V°)

Le 29 septembre 1293, Raimond Guilhaume Garnier reconnaissent devoir à Bonanasc de Béziers, Juif, 57 sols et 6 deniers melgoriens pour prêt (idem, fol. 8 V°)

Le 30 septembre 1293, les mêmes reconnaissent devoir à Chrestien Cohen, Juif, 15 setiers de froment pour prêt (fol 8 V°)

Le 29 septembre 1293, Bonanasc de Béziers, Juif, reconnait que Simone Veuve de Michel Bonnet de Mireval lui a rendu 60 sols sur 12 livres qu'elle lui doit (id. fol. 7 V°)

Le 6 octobre 1293, Pons Barthélémy de Balaruc, reconnait devoir à Bonanasc de Béziers, Juif, 100 sols melgoires pour prêt. (idem fol. 10 V°)

Le 13 octobre 1293, Jean de Prades, de Prades, reconnait devoir à Vidas, fils de Salves de Nîmes, 5 setiers et une émine de blé dont trois parties de froment et la 4e d'orge, pour prêt. (idem fol. 1 13 V°); le même jour, il reconnait devoir à Juste, fils de Salves d'Aix, Juif, quatre setiers et un castal de blé (idem)

Le 28 octobre 1293, Pierre de Nata, damoiseau, fils de Pierre de Rivesalte, chevalier de Trêves et Béranger Fonsier, cultivateur de Montpellier, doivent à Jacob d'Aubenas, Juif, 105 sols melgoires et autant à Abraham de Béziers, Juif. (idem 1 fol. 24 V°)

Le 28 octobre 1293, Guilhaume Adémar prêtre et son frère Martin de Boisseron, doivent à Protag, fils de Vinas de *na* Serena, Juif, 75 sols pour cause de prêt. (idem, 1 fol. 24 V°)

Le 21 octobre 1293 Pierre Déodat doit à Jacob de na Serena, Juif, 10 livres et 8 sols pour prêt (1 fol. 17 V°)

Le 15 octobre 1293, Bonanasc de Béziers, Juif reconnait avoir reçu de Mathieu Ricard de Villeneuve et de Pons Ricard de Mireval, son frère 20 sols melgoires et 7 livres qu'il lui devaient (id. fol 13 V°)

Le 1er janvier 1294, Guilhaume de Barre, damoiseau, fils de feu Guilhaume de Barre, paroisse de St Vincent de Basteyrargues, reconnait devoir à Vinas de na Serena, Juif, 30 sols melgoriens et plus 10 autres dettes. (idem fol. 3 2°)

Nous signalons aussi un contrat de société passé entre juifs que nous avons trouvé au même endroit.

Le 4 février 1294, Vinas et Jacob de na Serena, Juifs, frères de Montpellier conviennent de ce jour à la St. Michel prochaine et puis pour cinq ans de payer en commun et par parts égales tous procès, amendes, frais etc... qui paurraient leur être faits par n'importe quel juge. (idem 2 fol. 14 V°)

INDEX BIBLIOGRAPHIQUE

Sources manuscrites inédites

Minutes du notaire GRIMAUD (XIIIe et XIVe siècles) conservées aux Archives Municipales de Montpellier coté BB. (1)

Sources publiées

REVUE DES ETUDES JUIVES Tome XVIII, XIX, XX. XXI. XXII et XXIII — Pièces justificatives, Documents inédits sur les Juifs de Montpellier. (2)

GERMAIN, Pièces justificatives, annexes à l'Histoire de la Commune de Montpellier depuis ses origines jusqu'à son incorporation définitive à la monarchie française. Montpellier, imp Montel 1851 3 vol. in 8°.

GERMAIN, Pièces justificatives, annexes à l'Histoire du Commerce de Montpellier. Montpellier 1861 in 8°

SAIGE (Gustave) Pièces justificatives annexes à l'ouvrage sur les Juifs du Languedoc antérieurement au XIVe siècle. Paris 1881 in 8°

(1) Les documents manuscrits dont nous avons ci-dessus publié quelques exemples n'ont jamais été dépouillés. Ils sont une source féconde de contrats relatifs à la question, mais leur lecture est très difficile.

(2) Nous avons cru utile de publier par ailleurs un certain nombre de pièces justificatives que nous avons trouvées dans la *Revue des Etudes Juives*. Ces pièces sont, en effet, très intéressantes, car c'est surtout sur elles que nous nous sommes appuyé dans le sujet que nous avons traité ; de plus, la *Revue des Etudes Juives* est assez peu connue dans les Universités, étant lue surtout par des spécialistes s'intéressant aux études relatives à la religion juive.

ASTRUC, Pièces justificatives annex. aux Mémoires pour servir à l'étude de l'Histoire de la Faculté de médecine de Montpellier. Revues et publiées par M. Lozy Paris Cavelier 1767 in 4°.

CARTULAIRE DE MAGUELONE. Edition Rouquette, T. III p. 575, 672, 692, 695, 697, 868, 891, 932, T. IV p. 2, 13, 28, 32.

Ouvrages imprimés

ASTRUC, *opus cit.*

AIGREFEUILLE (chanoine d') *Histoire de la ville de Montpellier depuis son origine jusqu'à nos temps publiée sous la direction de Monsieur de la Pijadière.* 1876-1883 vol in 4°

BASNAGE *Histoire des Juifs depuis Jesus Christ jusqu'à présent. Pour servir de continuation à l'histoire de Josephe. La Haye H. Schleurleer* 1716-91 en 15-12.

BAVILLE (de) *Mémoires pour servir à l'Histoire de Languedoc*, Amsterdam 1734 in 12.

BENJAMIN de TUDELE— *Voyage de Rabbi Benjamin en Europe, en Asie et en Afrique depuis l'Espagne jusqu'en Chine. Traduits de l'Hébreux par J. B. Baratier*, Amsterdam, *aux dépends de la compagnie* 1734 2t. en 1-8.

BEDARRIDE. *Les juifs en France, en Italie et en Espagne (Recherche sur leur état depuis leur origine jusqu'à nos jours sous le rapport de la législation de la littérature et du commerce.* Paris 1861 in 8°

BOUTARIC. *St. Louis et Alphonse de Poitiers. Etudes sur la réunion des provinces du midi et de l'ouest à la couronne et sur les origines de la centralisation administrative.* Paris Plon 1870. 8°

CASENEUVE, *Le franc alleu de la Province de Languedoc estably et deffendu à Tolose par Jean Boude* 1645 2 édition in 4°.

CASENEUVE *Les Etats Généraux de la Province de Languedoc.*

CATEL. — *Mémoires de l'Histoire du Languedoc.* Tolose Bosc, 1833, in-f°.

CAUVET (Emile). — *Etude historique sur l'Etablissement des Espagnols dans la septimanie aux VIII et IXe siècles etc.*. Montpellier 1898, in 8°

GARIEL *Idée de la ville de Montpelier recherchée et présentée aux honestes gens*, Montpellier, imp. Pech 1665

GERMAIN *Anciennes écoles de Montpellier, Monographies historiques d'après les documents originaux*. Montpellier, imprimerie Martel 1881 in 4°

GERMAIN. *Etude Historique sur l'école de Droit* 1160-1793 Montpellier Imp. Boelin 1877 in 4°

GERMAIN *Histoire du Commerce antérieurement à l'ouverture du port de Cette* 2 vol. Montpellier 1861 in 8°

GERMAIN, *Histoire de la Commune de Montpellier depuis ses origines jusqu'à son incorporation définitive à la monarchie française*. Montpellier imp. Martel 1851 3 vol in 8°

GERMAIN *Chronique de Manguio* Montpellier 1876 in 4°

GIRY, *Documents sur les relations de la royauté avec les villes en France de* 1180 à 1314 Paris 1885 in 8°

GRAND THALAMUS

GRAETZ *Histoire des Juifs d'Espagne*.

GIRAUD *Histoire du Droit Romain et du Droit Français* Paris Videcoq 1846 2-8.

Histoire générale de Languedoc par DOM VAISSETTE et DOM DEVIC, nouvelle édition, Toulouse, Privat, 1872-1905, 16 vol. in 4°

KALN (Salomon) *Les Juifs de Tarascon au Moyen âge*. Paris 1899 in 8°

KALN (Salomon) *Les Ecoles Juives de Montpellier* Montpellier 1881 in 8°

Histoire littéraire de la France par les religieux de la congrégation de SAINT-MAUR. Paris, Palme 1865 17-4

MENARD (L) *Histoire civile, écclesiastique et littéraire de la ville de Nismes*, Paris, Chaubert, 1750-1758 7vol in 4°

ORDONNANCES *des roys de France de la troisième race recueillies par ordre chronologique,* Paris imp royale 1723 1849 22-2 T. 1, édité par Laurière.

OLIM (les) *ou registres des arrêts rendus par la cour du roi sous les règnes de St. Louis, Philippe le Bel, Philippe le Hardi, Philippe le Hutin et Philippe le Long.* Publiés par le Comte BENGUOT, Paris Imp Roy. 1839- 1848 3-4

POTHIER (P) *Traité de l'abandon des biens dans la province de Languedoc à Nismes.* 1777 in 12.

PUECH (Dr A) *les anciennes juridictions de Nismes.* Gervais Bedot 1891, in 8°

PRUNELLE, *De l'influence exercée par la médecine sur la renaissance des lettres* Montpellier Imp. Martel 1809 in 4

PIGEONNEAU (H) *Histoire du commerce de la France depuis les origines jusqu'à la fin du XVe siècle* Paris 1885 in 8°.

REGNE (Jean) *Etude sur la condition des Juifs de Narbonne du Ve au XIVe siècle,* Narbonne 1812 in 8°

REINACH (Théodore) *Histoire des Israélites depuis l'époque de leur dispersion jusqu'à nos jours.* Paris 1882 in 12

REINACH *Les Etudes d'Histoire juive depuis* 1881 *extrait de l'annuaire de la société des Etudes juives* in 12 Paris Durlacher et Cerf 1883-1884.

RECUEIL DES EDITS; *Déclarations, Arrêts et ordonnances de l'année, pour la province de Languedoc,* Montpelier Martel 1702-1788, 77 v. in 8°.

ROUET (abbé de) *Notice sur la ville de Lunel au Moyen âge etc...,* Montpellier- Paris 1878 in 8°

RENAN *Histoire du peuple d'Israël Par*is Calman-Levy 1889-1894 5 vol. in 8°

RENAN *Les Rabbins français* Paris Calman-Levy in 4

RENAN *Etude politique et religieuse de Philippe le Bel,* Paris Calman-Levy 1899 in 8°

RENAN *Histoire littéraire de la France..*

SAIGE (Gustave) *Les Juifs du Languedoc antérieurement au XIVe siècle* Paris 1881 in 8°

SERRES (Pierre) *Histoire de la cour des Comptes, Aides et finances de Montpellier*, 1878 in 8°

THOMAS (Eugène) *Mémoire historique sur Montpellier et sur le Département de l'Hérault* Paris Gabon 1827 in 8°

THALAMUS (Petit) *Archives municipales de Montpellier.*

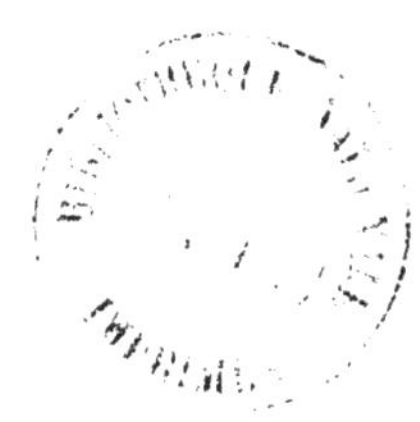

TABLE DES MATIÈRES

www.ingramcontent.com/pod-product-compliance
Ingram Content Group UK Ltd.
Pitfield, Milton Keynes, MK11 3LW, UK
UKHW021058260726
13994UKWH00002B/580